本書の特色と使い方

４段階のステップ学習で、豊かな学力が形成されます。

「音読」「なぞり書き」「書き写し」「暗唱」の４段階のシートで教科書教材を深く理解でき、ゆっくり学んでいくうちに、豊かな学力が形成されます。

ゆっくりていねいに、段階を追った学習ができます。

問題量を少なくした、ゆったりとした紙面構成で、読み書きが苦手な子どもでも、ゆっくりていねいに、段階を追って学習することができます。また、漢字が苦手な子どもでも、学習意欲が減退しないように、問題文の全てにかな文字を記載しています。

光村図書・東京書籍・教育出版の国語教科書から抜粋した詩・物語・説明文教材の問題などを掲載しています。

教科書掲載教材を使用して、授業の進度に合わせて予習・復習ができます。三社の優れた教科書教材を掲載しておりますので、ぜひご活用ください。

どの子も理解できるよう、お手本や例文を記載しています。

問題の考え方や答えの書き方の理解を補助するものとして、はじめに、なぞり書きのできるグレー文字のお手本があります。また、文作りでは例文も記載しています。

あたたかみのあるイラストで、文作りの場面理解を支援しています。

わかりやすいイラストで、文章の理解を深めます。生活の場面をイラストにして、そのイラストに言葉をそえています。イラストにそえられた言葉を手がかりに、子ども自らが文を作れるように配慮してあります。また、イラストの色塗りなども楽しめます。

支援教育の専門の先生の指導をもとに、本書を作成しています。

教科書の内容や構成を研究し、小学校の特別支援学級や支援教育担当の先生方、専門の研究者の先生方のアドバイスをもとに問題を作成しています。

ワークシートの解答例について（お家の方や先生方へ）

本書の解答は、あくまでもひとつの「解答例」です。お子さまに取り組ませる前に、必ず指導される方が問題を解いてください。指導される方の作られた解答をもとに、お子さまの多様な考えに寄り添って〇つけをお願いします。

もっとゆっくりていねいに学べる　作文ワーク基礎編

（光村図書・東京書籍・教育出版の教科書教材より抜粋）

5—①　目次

書き写し・音読・暗唱

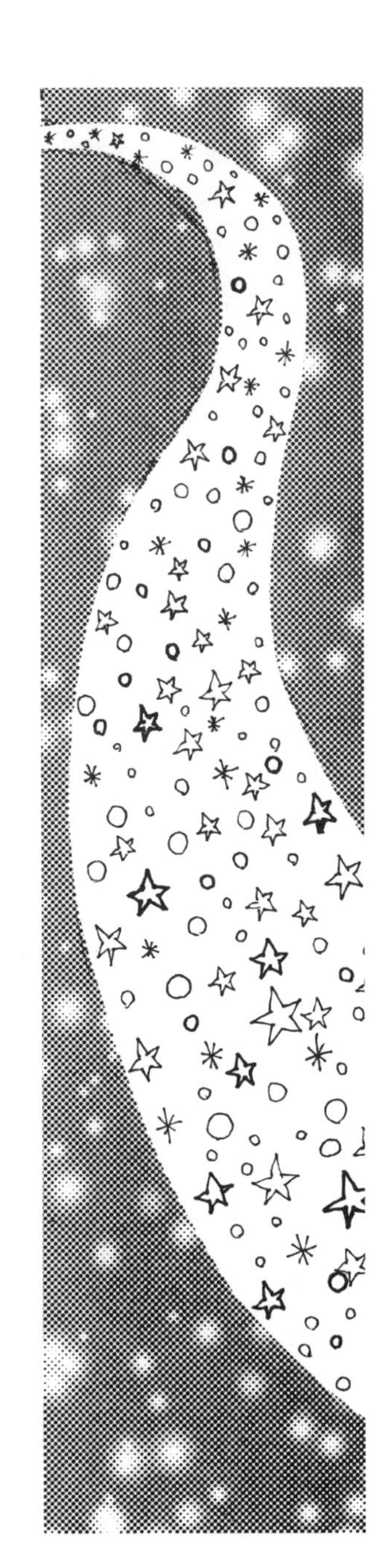

文作り

書き写し・音読・暗唱　シートの見分け方

…音読・なぞり書き
…音読・書き写し
…音読・覚える・なぞり書き
…暗唱・覚えて書く

銀河（ぎんが）

①

名前

詩（し）を音読（おんどく）してから、書（か）き写（うつ）しましょう。

あの遠（とお）い空（そら）にひとすじ、

星（ほし）たちが、

ぶつかり合（あ）い、重（かさ）なり合（あ）い、

河（かわ）のように光（ひか）っている

「銀河（ぎんが）」。

★書（か）き終（お）わったら、もう一度（いちど）、音読（おんどく）しましょう。

（令和二年度版　光村図書　国語　五　銀河　羽曽部　忠）

銀河　②

名前

詩を音読してから、書き写しましょう。

乳

牛乳をこぼしたようにも
見えるから、
乳
「乳の道」とも言うそうだ。
どっちもいい名前だなあ。

★書き終わったら、もう一度、音読しましょう。

（令和二年度版　光村図書　国語　五　銀河　羽曽部　忠）

銀河 ③

名前

詩を音読して、覚えましょう。また、詩を書きましょう。

あの遠い空にひとすじ、
星たちが、
ぶつかり合い、重なり合い、
河のように光っている
「銀河」。
牛乳をこぼしたようにも
見えるから、
「乳の道」とも言うそうだ。
どっちもいい名前だなあ。

★書き終わったら、もう一度、音読しましょう。

（令和二年度版　光村図書　国語　五　銀河　羽曽部　忠）

銀河（ぎんが）④

名前

詩（し）を暗唱（あんしょう）しましょう。覚（おぼ）えたら書（か）きましょう。

あ　（とお）　（そら）　ひ
星（ほし）
ぶ　（あ）　重（かさ）　（あ）　、
河（かわ）　光（ひか）
「　（ぎん）河（が）
牛（ぎゅう）乳（にゅう）　こ
見（み）
「乳（ちち）　（みち）　言（い）　。
ど　い　（なまえ）

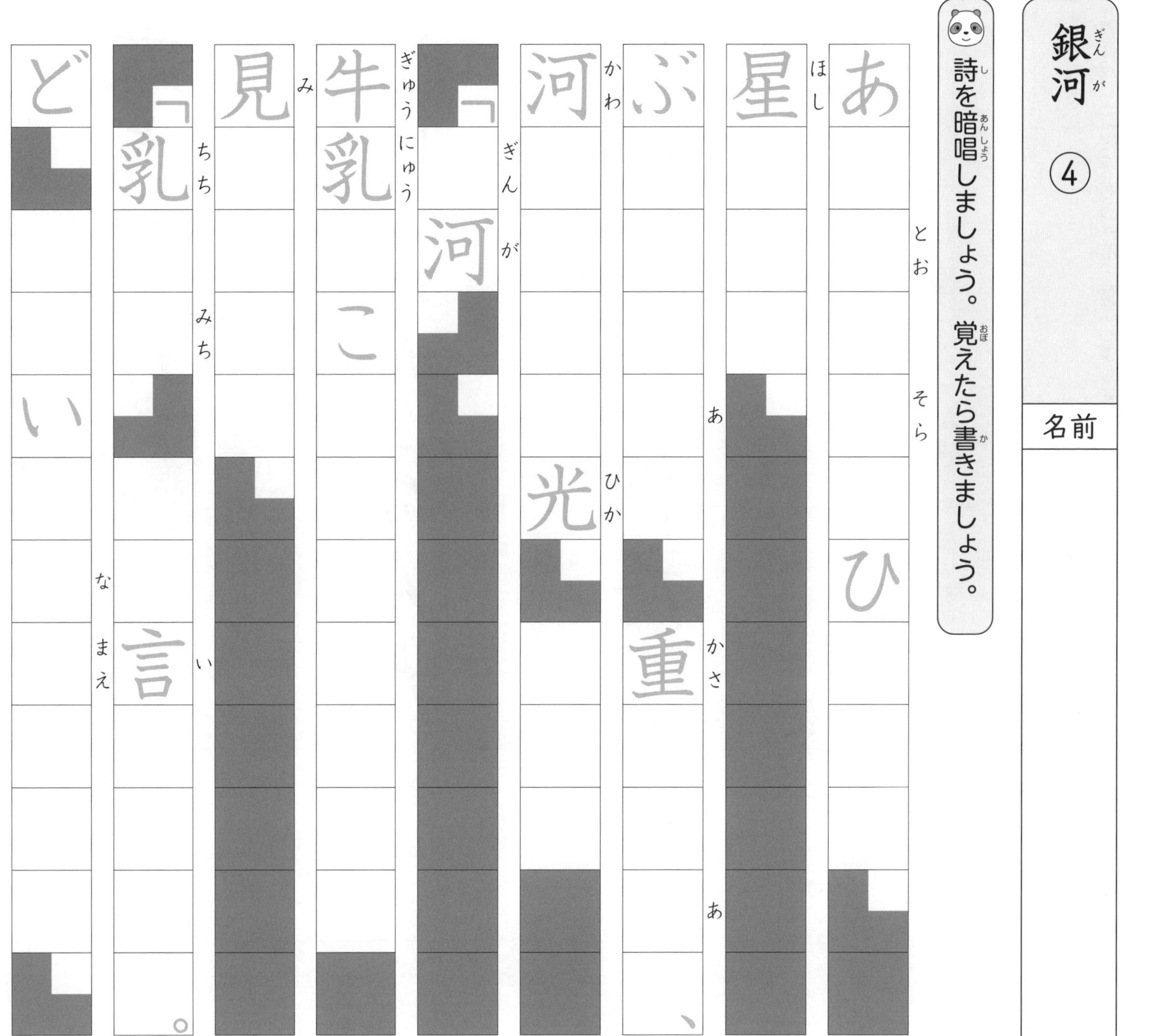

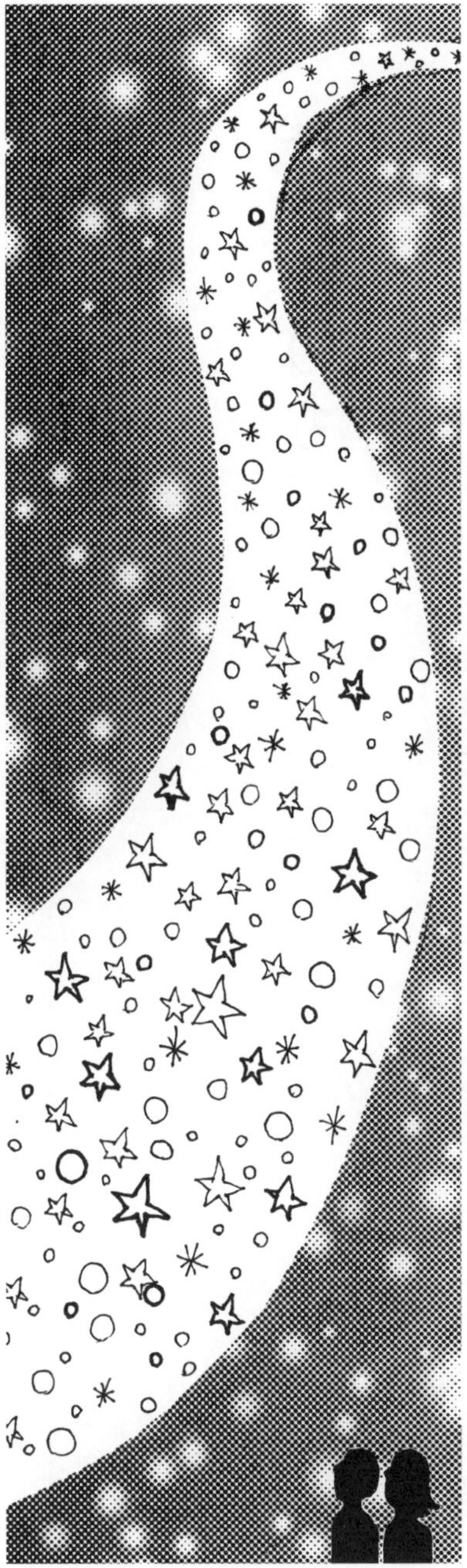

★書（か）き終（お）わったら、もう一度（いちど）、音読（おんどく）しましょう。

（令和二年度版　光村図書　国語　五　銀河　羽曽部　忠）

ぼくらのもの ①

名前

詩を音読してから、書き写しましょう。

ぼくらのもの

与田　準一

大きくなったら
なにになるんだ、
そう聞かれたが
まだわからない。

★書き終わったら、もう一度、音読しましょう。

（令和二年度版　東京書籍　新しい国語　五　与田　準一）

ぼくらのもの ②

名前

詩を音読してから、書き写しましょう。

波がさわぐ

波止場に立って、

どこへだって

自由に船出できる朝の

海にあふれるきらめき。

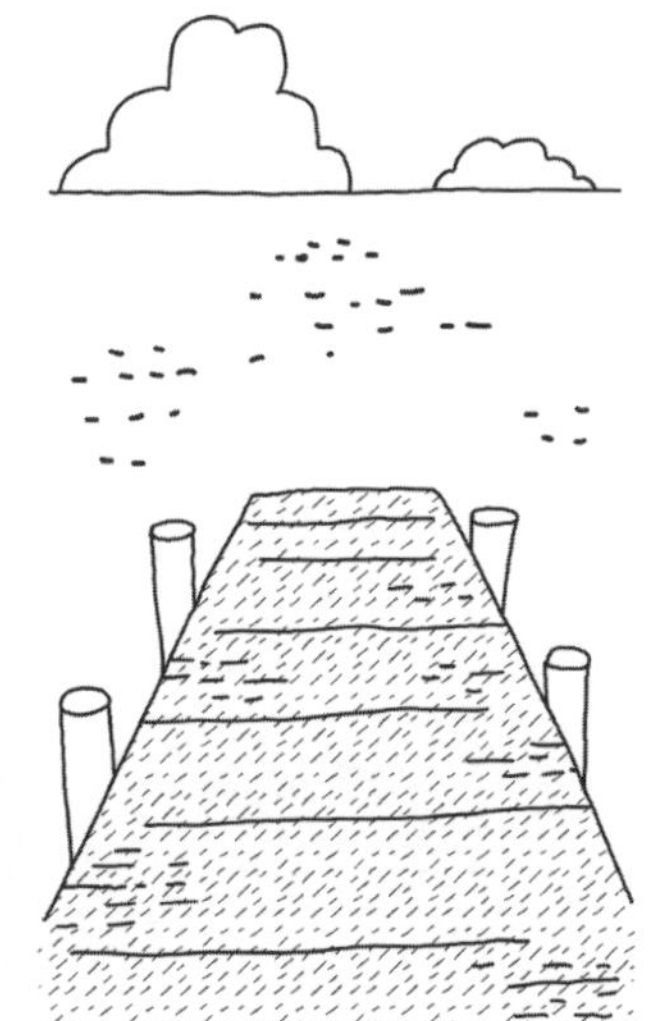

★書き終わったら、もう一度、音読しましょう。

（令和二年度版　東京書籍　新しい国語　五　与田　準一）

ぼくらのもの　③

名前

詩を音読してから、書き写しましょう。

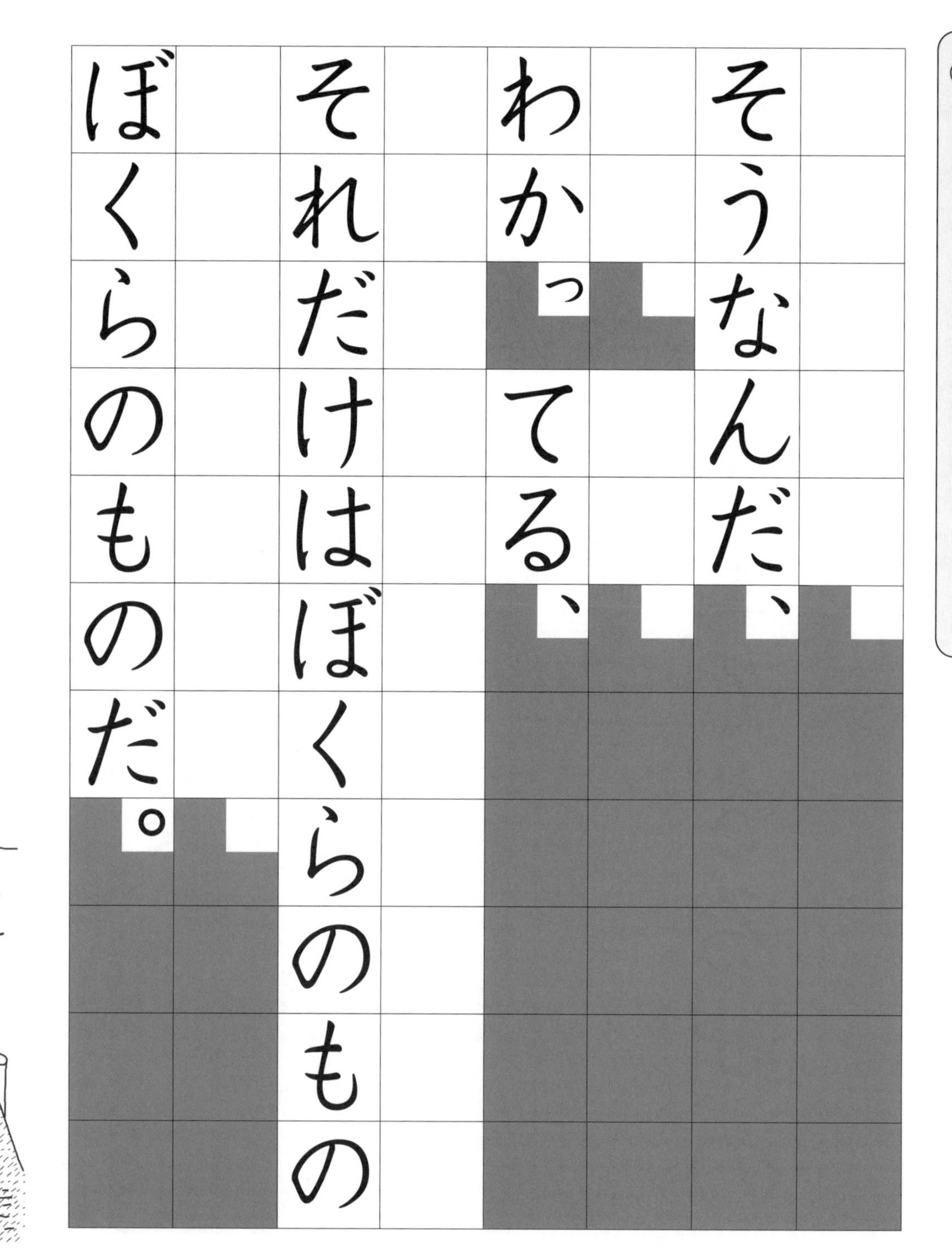

そうなんだ、
わかってる、
それだけはぼくらのもの
ぼくらのものだ。

★書き終わったら、もう一度、音読しましょう。

（令和二年度版　東京書籍　新しい国語　五　与田　準一）

ぼくらのもの ④

名前

詩を音読してから、書き写しましょう。

大きくなったら

なにになるんだ、

そう聞かれたが

まだわからない。

★書き終わったら、もう一度、音読しましょう。

（令和二年度版　東京書籍　新しい国語　五　与田　準一）

ぼくらのもの ⑤

名前

詩を音読してから、書き写しましょう。

風がはしる

広場のはての、

ちからづよく

しっかり枝を交す森に

星があんなにゆれている。

★書き終わったら、もう一度、音読しましょう。

（令和二年度版　東京書籍　新しい国語　五　与田　準一）

ぼくらのもの ⑥

名前

詩を音読してから、書き写しましょう。

★書き終わったら、もう一度、音読しましょう。

（令和二年度版　東京書籍　新しい国語　五　与田　準一）

ぼくらのもの ⑦

名前

詩を音読して、覚えましょう。また、詩を書きましょう。

ぼくらのもの

与田 準一

大きくなったら
なになるんだ、
そう聞かれたが
まだわからない。

★書き終わったら、もう一度、音読しましょう。

（令和二年度版 東京書籍 新しい国語 五 与田 準一）

ぼくらのもの ⑧

名前

詩を暗唱しましょう。覚えたら書きましょう。

ぼくらのもの

与田 準一

大
な
そ
ま

★書き終わったら、もう一度、音読しましょう。

（令和二年度版　東京書籍　新しい国語　五　与田　準一）

ぼくらのもの ⑨

詩を音読して、覚えましょう。また、詩を書きましょう。

名前

波がさわぐ
波止場に立って、
どこへだって
自由に船出できる朝の
海にあふれるきらめき。
そうなんだ、
わかってる、
それだけはぼくらのもの
ぼくらのものなのだ。

★書き終わったら、もう一度、音読しましょう。

（令和二年度版　東京書籍　新しい国語　五　与田　準一）

ぼくらのもの　⑩

名前

詩（し）を暗唱（あんしょう）しましょう。覚（おぼ）えたら書（か）きましょう。

波（なみ）
波止場（はとば）（た）
ど
自（じゆう）船出（ふなで）（あさ）
海（うみ）き
そ
わ
そぼ
ぼ

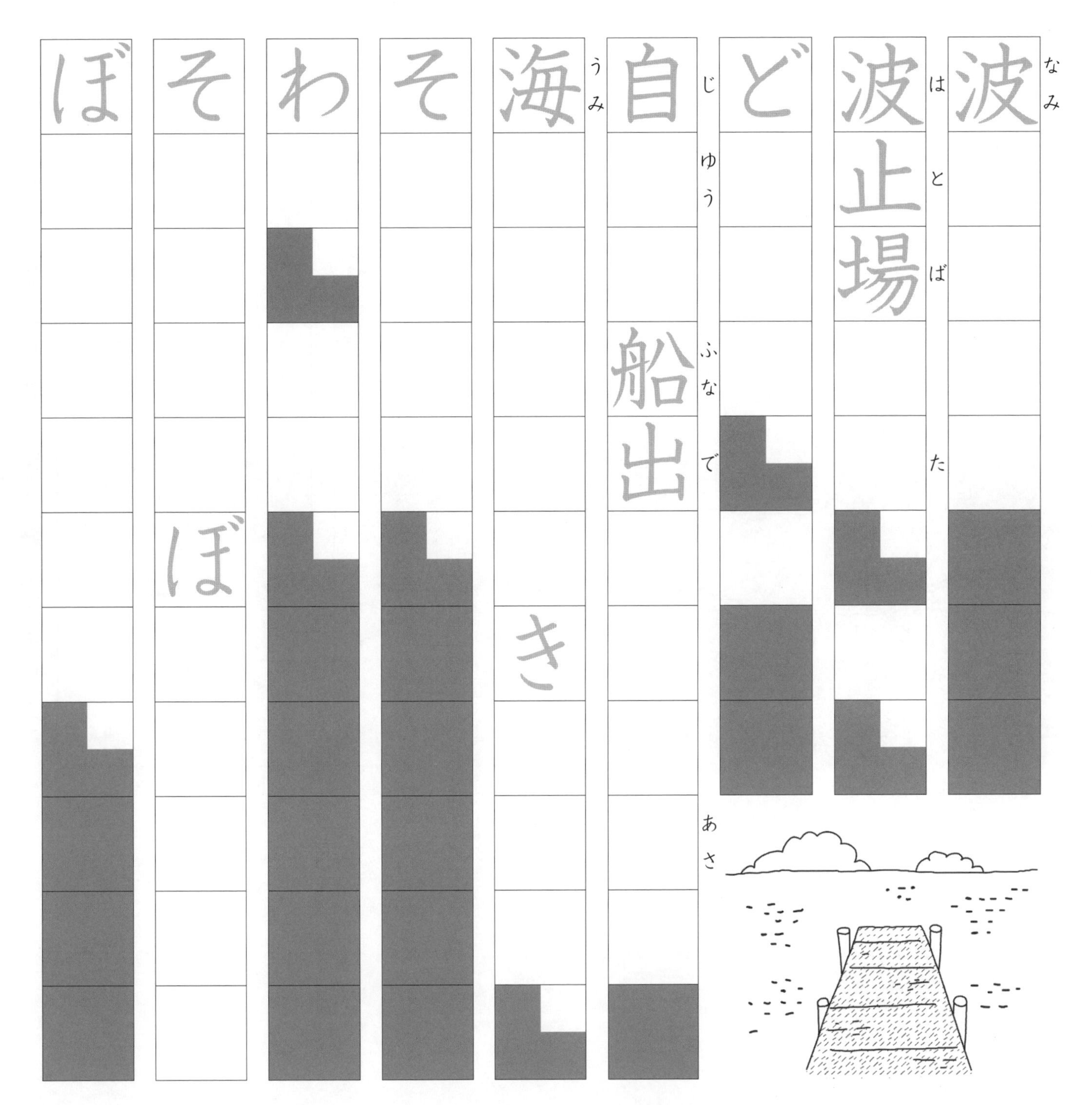

★書（か）き終（お）わったら、もう一度（いちど）、音読（おんどく）しましょう。

（令和二年度版　東京書籍　新しい国語　五　与田　準一）

ぼくらのもの ⑪

名前

詩を音読して、覚えましょう。また、詩を書きましょう。

大きくなったら
なにになるんだ、
そう聞かれたが
まだわからない。

★書き終わったら、もう一度、音読しましょう。

（令和二年度版　東京書籍　新しい国語　五　与田　準一）

ぼくらのもの ⑫

名前

詩を暗唱しましょう。覚えたら書きましょう。

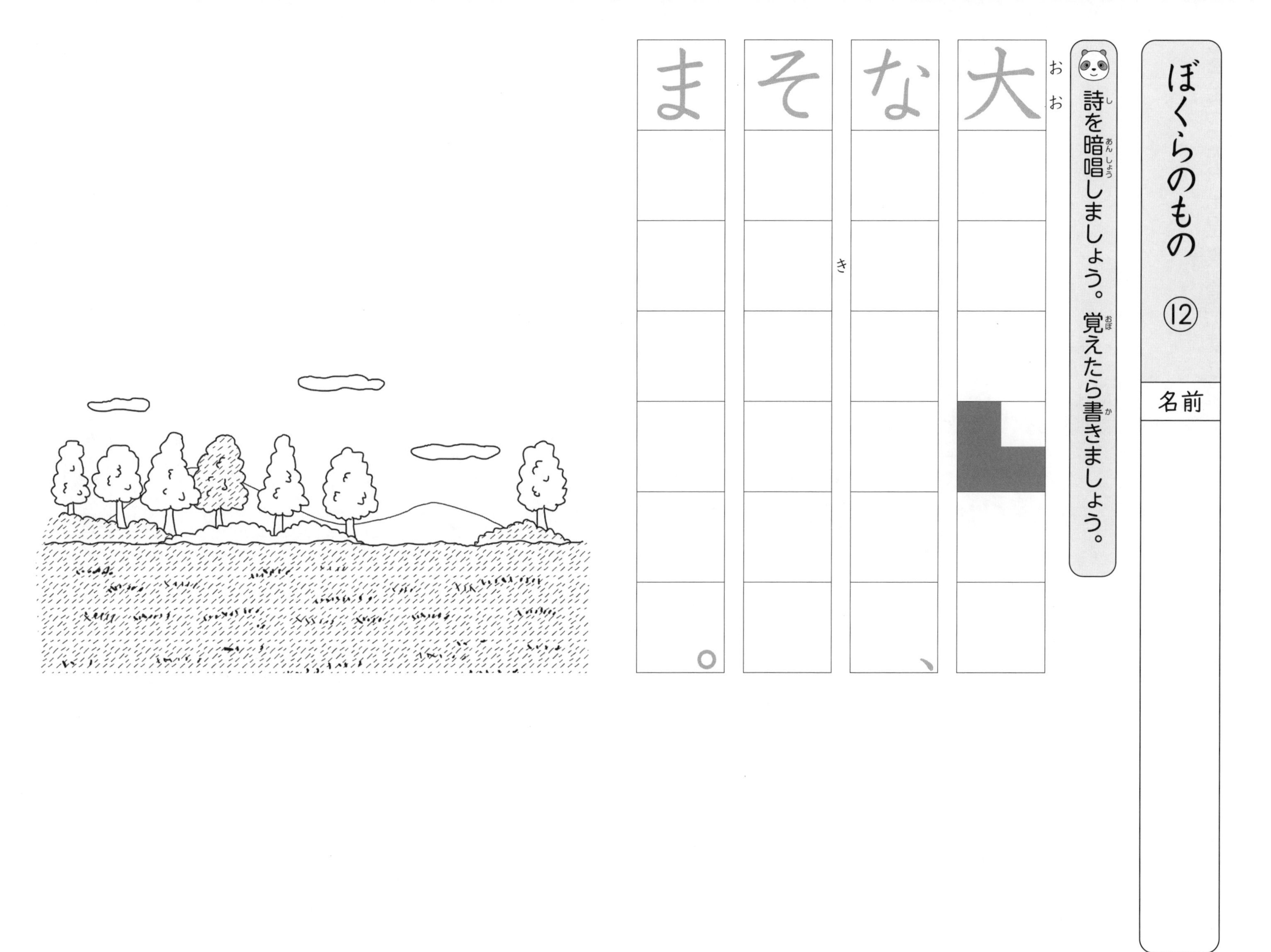

大（おお）　な、　そ　ま。

★書き終わったら、もう一度、音読しましょう。

（令和二年度版　東京書籍　新しい国語　五　与田　準一）

ぼくらのもの

⑬

名前

詩を音読して、覚えましょう。また、詩を書きましょう。

風がはしる
広場のはての、
ちからづよく
しっかり枝を交す森に
星があんなにゆれている。
そうなんだ、
わかってる、
あれだけはぼくらのもの
ぼくらのものだ。

★書き終わったら、もう一度、音読しましょう。

（令和二年度版　東京書籍　新しい国語　五　与田　準一）

ぼくらのもの ⑭

名前

詩を暗唱しましょう。覚えたら書きましょう。

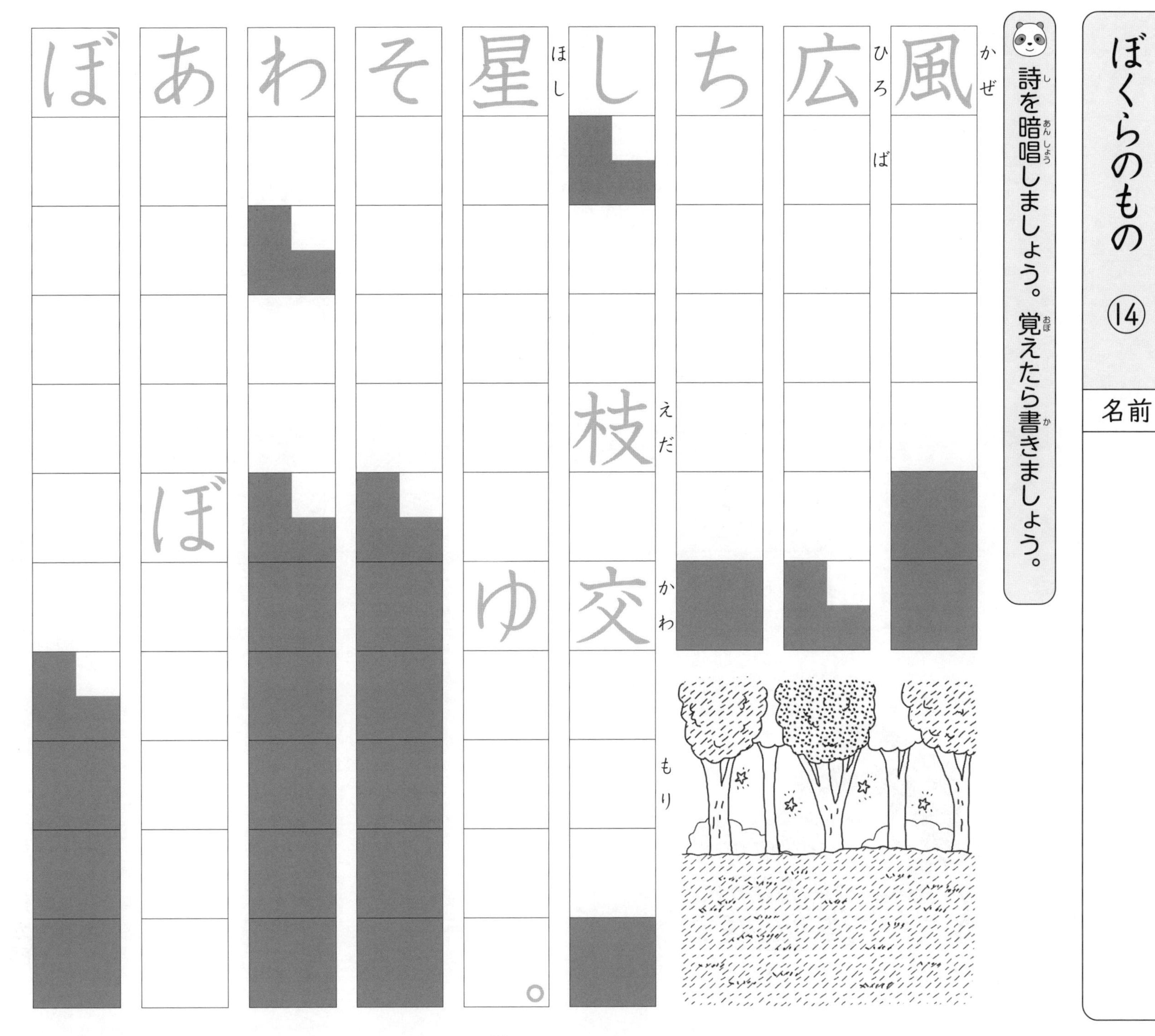

★書き終わったら、もう一度、音読しましょう。

（令和二年度版　東京書籍　新しい国語　五　与田　準一）

かんがえるのって　おもしろい　①

名前

詩を音読して、覚えましょう。また、詩を書きましょう。

かんがえるのって　おもしろい

谷川　俊太郎

かんがえるのって
おもしろい
どこかとおくへ
いくみたい
しらないけしきが
みえてきて
そらのあおさが
ふかくなる
このおかのうえ
このきょうしつは
みらいにむかって
とんでいる

★書き終わったら、もう一度、音読しましょう。

（令和二年度版　光村図書　国語　五　銀河　谷川　俊太郎）

かんがえるのって　おもしろい　②

名前

詩を暗唱しましょう。覚えたら書きましょう。

かんがえるのって　おもしろい

谷川　俊太郎

か
お
ど
い
し
み
そ
ふ
こ
こ
み
と

★書き終わったら、もう一度、音読しましょう。

（令和二年度版　光村図書　国語　五　銀河　谷川　俊太郎）

かんがえるのって　おもしろい　③

名前

詩を音読して、覚えましょう。また、詩を書きましょう。

なかよくするって
ふしぎだね
けんかするのも
いいみたい
しらないきもちが
かくれてて
まえよりもっと
すきになる
このおかのうえ
このがっこうは
みんなのちからで
そだってく

★書き終わったら、もう一度、音読しましょう。

（令和二年度版　光村図書　国語　五　銀河　谷川　俊太郎）

かんがえるのって　おもしろい　④

名前

詩を暗唱しましょう。覚えたら書きましょう。

なふけいしかまするこみそ

★書き終わったら、もう一度、音読しましょう。

（令和二年度版　光村図書　国語　五　銀河　谷川　俊太郎）

なまえつけてよ ①

名前

文章を音読してから、書き写しましょう。

次の日の放課後、牧場のさくのそばへ行くと、前の日と同じところに子馬がいた。春花は、子馬をながめながら待った。

★書き終わったら、もう一度、音読しましょう。

（令和二年度版　光村図書　国語　五　銀河　蜂飼　耳）

なまえつけてよ ②

名前

文章を音読してから、書き写しましょう。

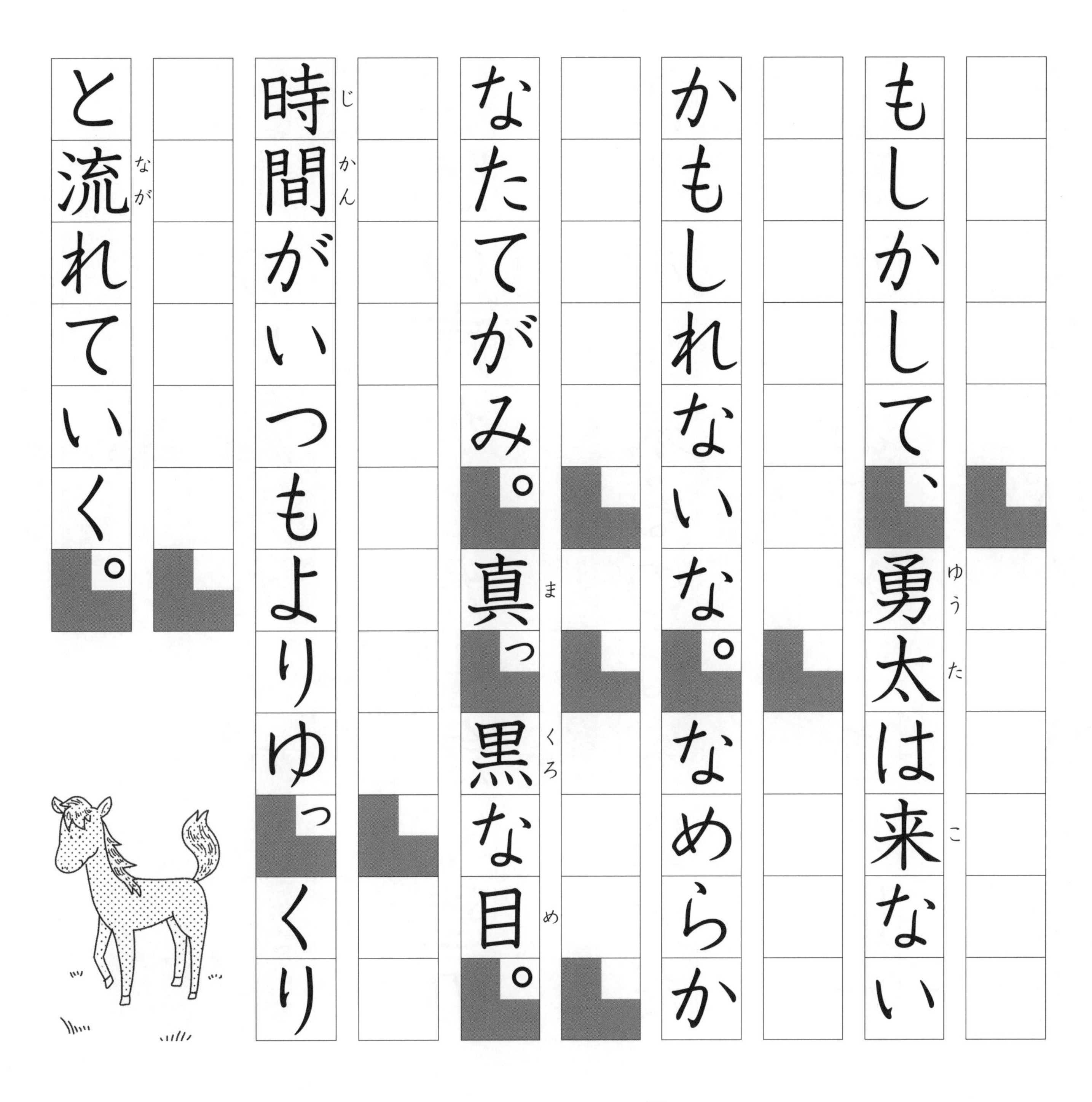

もしかして、勇太は来ない
かもしれないな。なめらか
なたてがみ。真っ黒な目。
時間がいつもよりゆっくり
と流れていく。

★書き終わったら、もう一度、音読しましょう。

（令和二年度版　光村図書　国語　五　銀河　蜂飼　耳）

なまえつけてよ ③

名前

文章を音読してから、書き写しましょう。

「おうい、来たよ。」

陸の声がした。急ぐ陸の

後ろから来るのは、勇太だ。

風がさあっとふきぬけた。

子馬はぴくぴくと耳を動か

した。

★書き終わったら、もう一度、音読しましょう。

（令和二年度版　光村図書　国語　五　銀河　蜂飼　耳）

なまえつけてよ ④

名前

文章を音読してから、書き写しましょう。

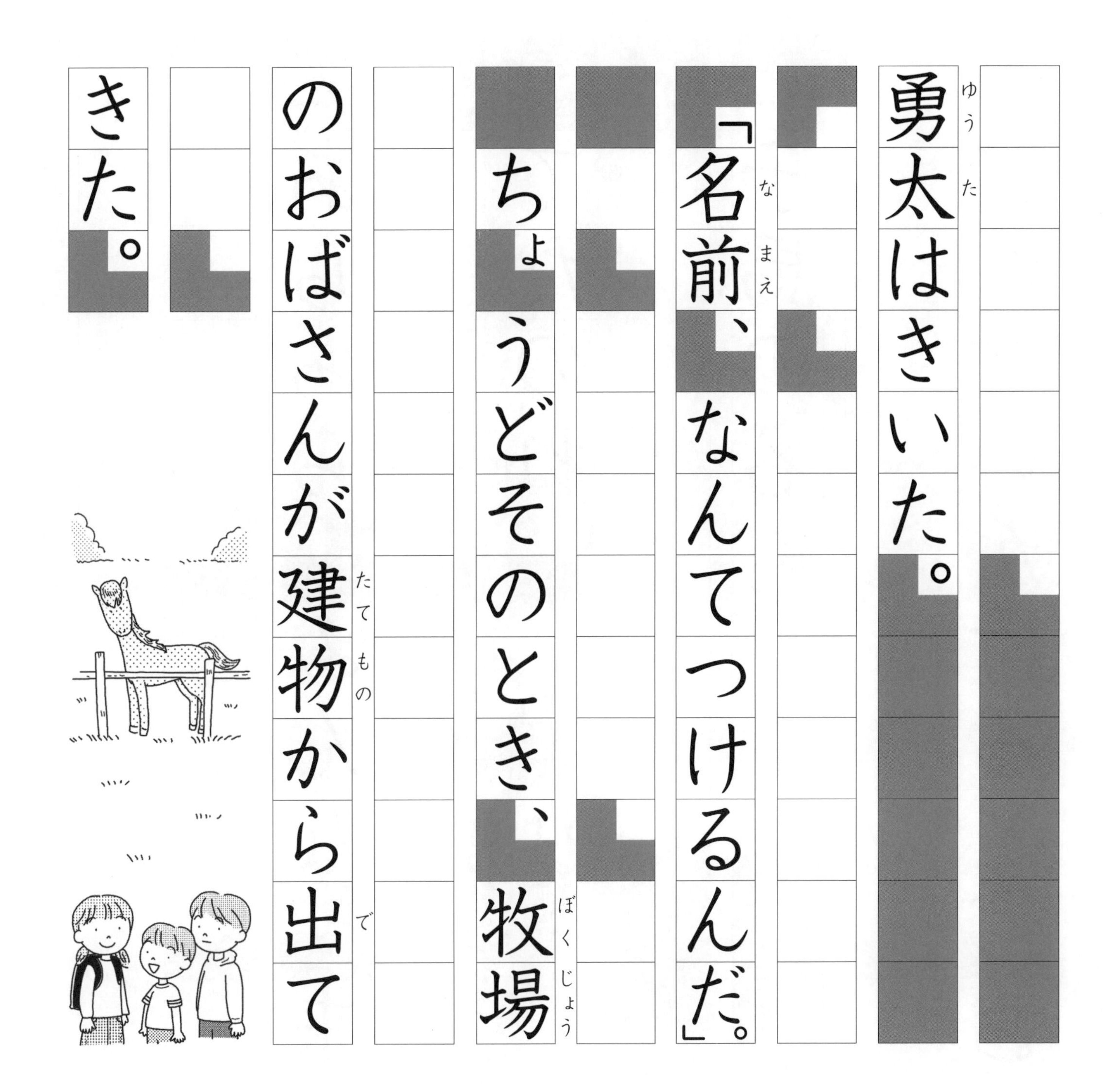

勇太はきいた。

「名前、なんてつけるんだ。」

ちょうどそのとき、牧場のおばさんが建物から出てきた。

★書き終わったら、もう一度、音読しましょう。

（令和二年度版　光村図書　国語　五　銀河　蜂飼　耳）

なまえつけてよ ⑤

名前

文章を音読してから、書き写しましょう。

「ああああら、みんな、来てたのね。」

「子馬の名前――。」

春花が言いかけると、おばさんはあわてた。

★書き終わったら、もう一度、音読しましょう。

（令和二年度版　光村図書　国語　五　銀河　蜂飼　耳）

なまえつけてよ ⑥

文章を音読してから、書き写しましょう。

名前

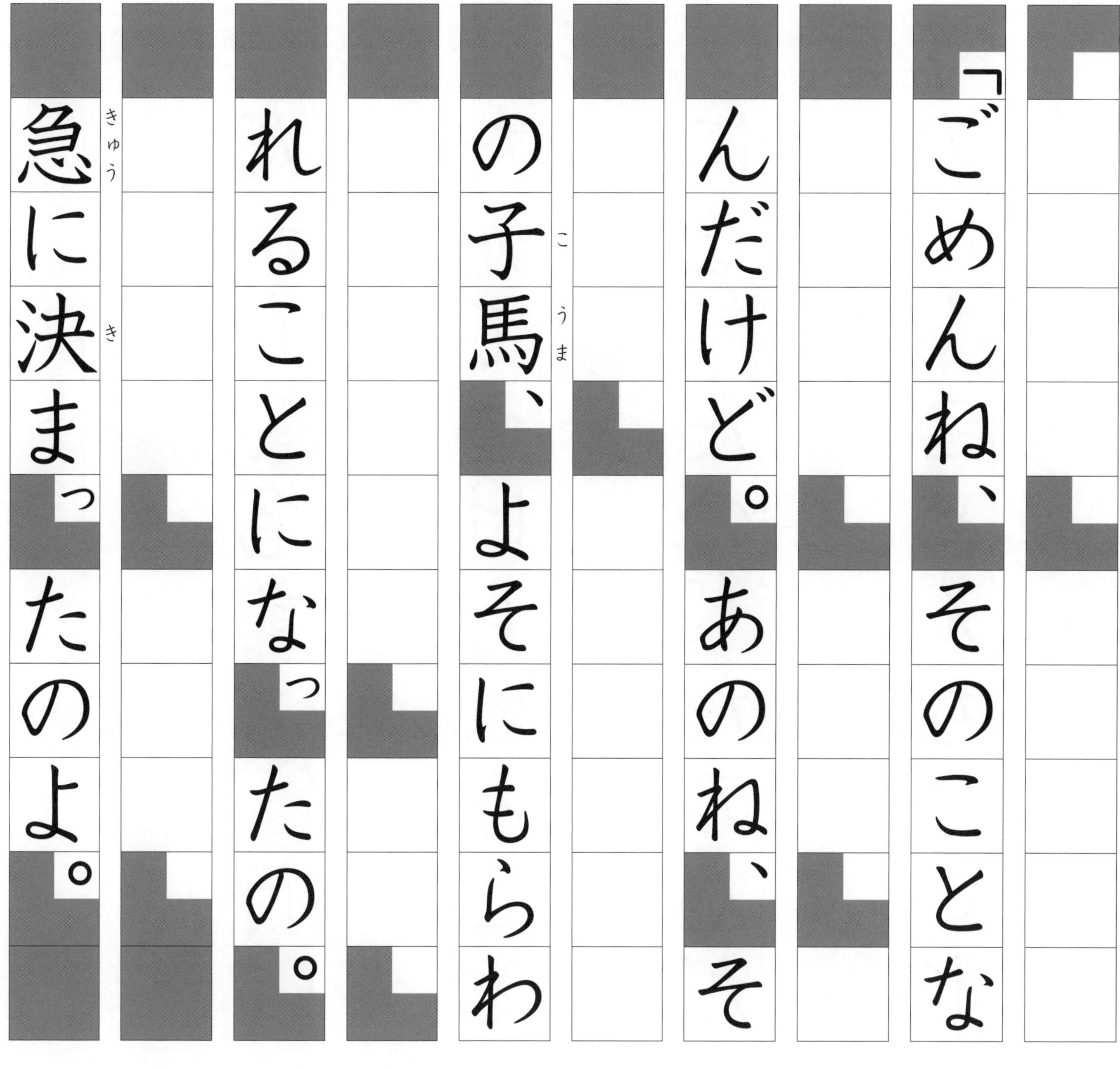

★書き終わったら、もう一度、音読しましょう。

（令和二年度版　光村図書　国語　五　銀河　蜂飼　耳）

なまえつけてよ ⑦

名前

文章を音読してから、書き写しましょう。

だから、名前も、行った先でつけられることになったの。たのんだのに、ごめんなさいね。」

★書き終わったら、もう一度、音読しましょう。

（令和二年度版 光村図書 国語 五 銀河 蜂飼 耳）

なまえつけてよ ⑧

名前

文章を音読してから、書き写しましょう。

春花は、だまったまま、
さくからつき出た子馬の
鼻にさわってみた。子馬
の鼻は、ほんのりと温か
く、しめっている。

★書き終わったら、もう一度、音読しましょう。

（令和二年度版　光村図書　国語　五　銀河　蜂飼　耳）

なまえつけてよ ⑨

名前

文章を音読してから、書き写しましょう。

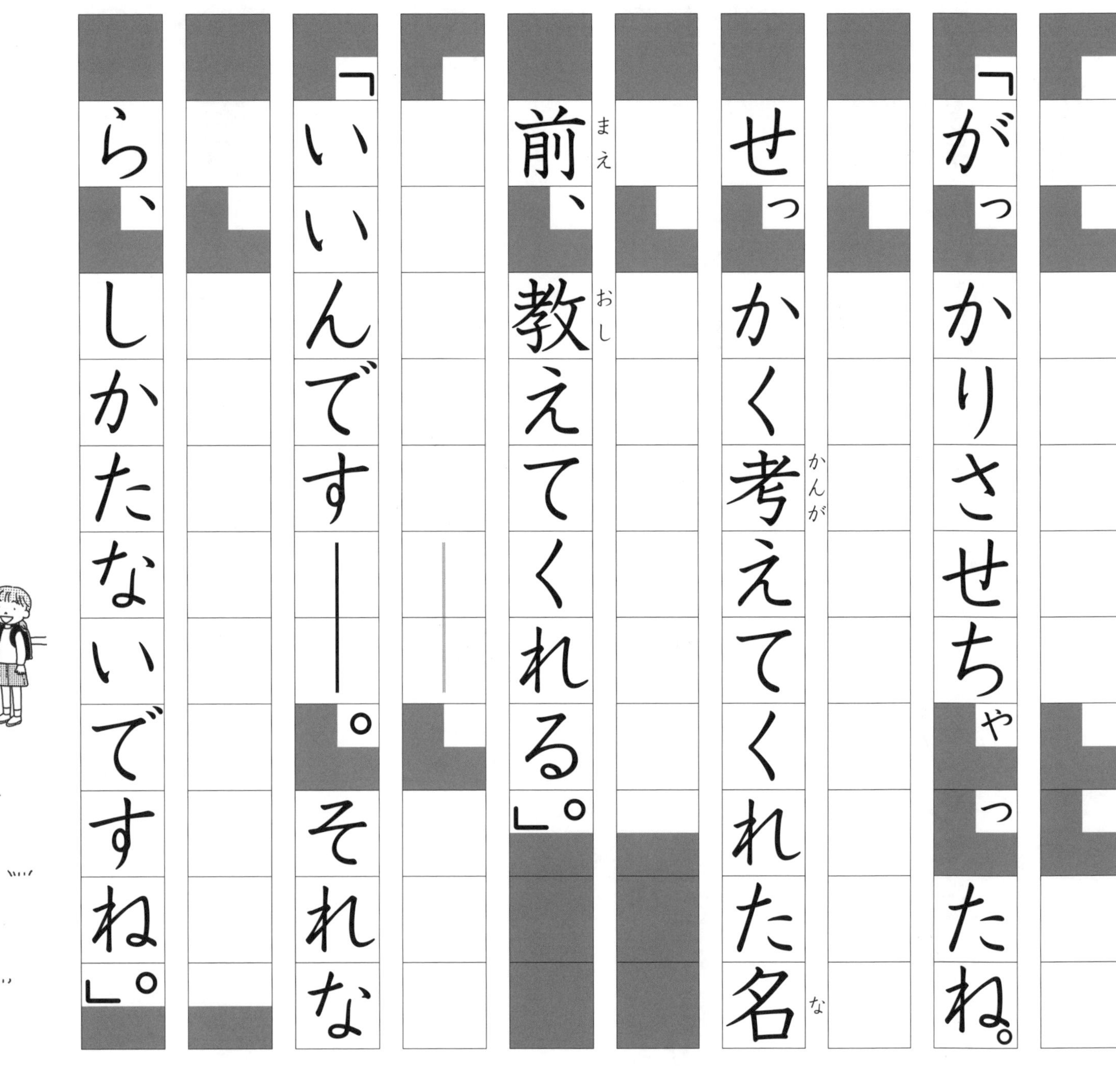

「がっかりさせちゃったね。せっかく考えてくれた名前、教えてくれる。」「いいんです――。それなら、しかたないですね。」

★書き終わったら、もう一度、音読しましょう。

（令和二年度版　光村図書　国語　五　銀河　蜂飼　耳）

なまえつけてよ ⑩

名前

文章を音読してから、書き写しましょう。

春花は、子馬の鼻にふれたまま、明るい声でそう答えた。勇太と陸は、何も言わない。二人とも、こまったような顔をして、春花の方をじっと見ていた。

★書き終わったら、もう一度、音読しましょう。

（令和二年度版　光村図書　国語　五　銀河　蜂飼　耳）

なまえつけてよ ⑪

名前

文章を音読してから、書き写しましょう。

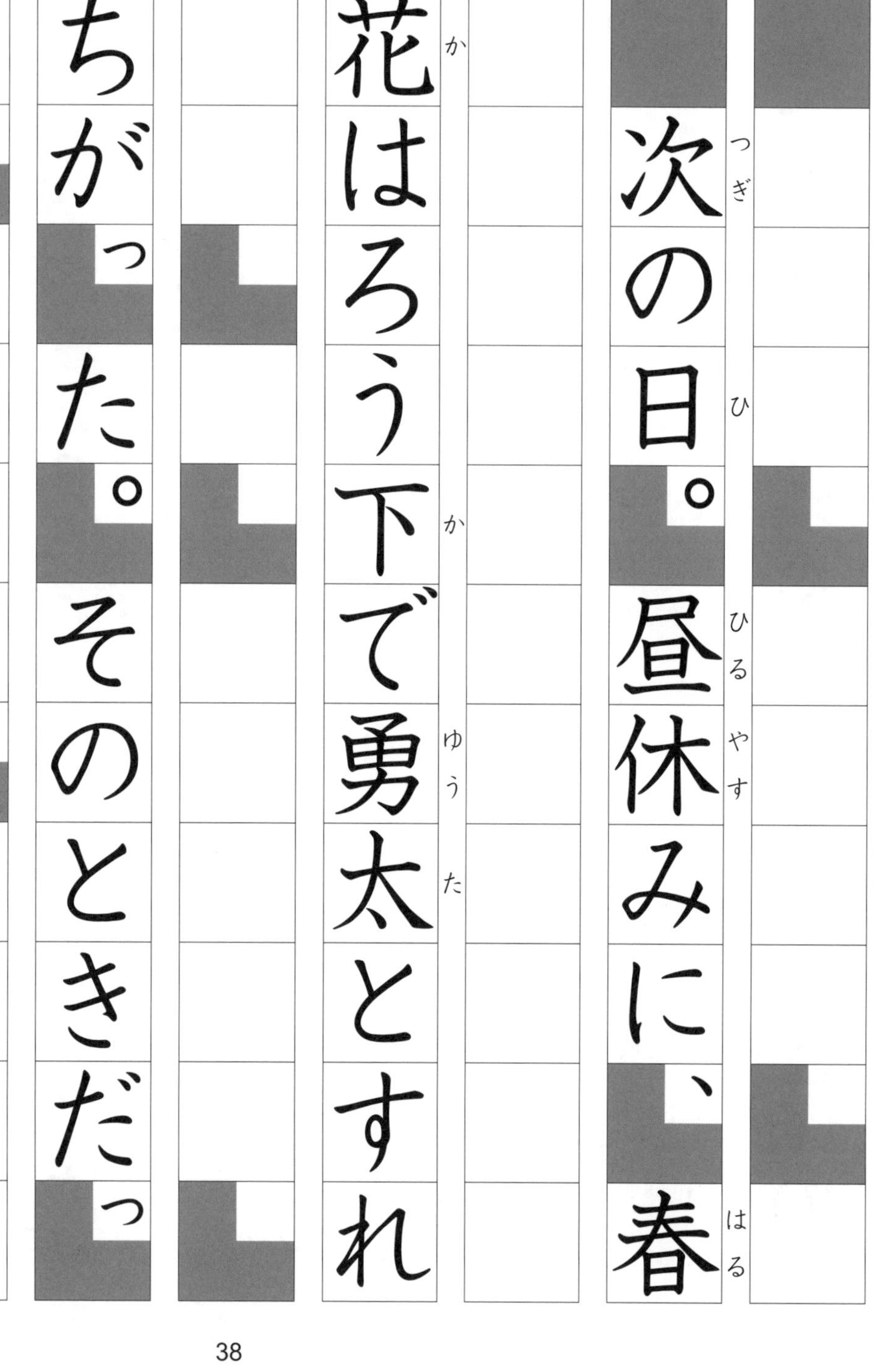

次の日。昼休みに、春花はろう下で勇太とすれちがった。そのときだった。春花はそっと何かをわたされた。

★書き終わったら、もう一度、音読しましょう。

（令和二年度版　光村図書　国語　五　銀河　蜂飼　耳）

なまえつけてよ ⑫

名前

文章を音読してから、書き写しましょう。

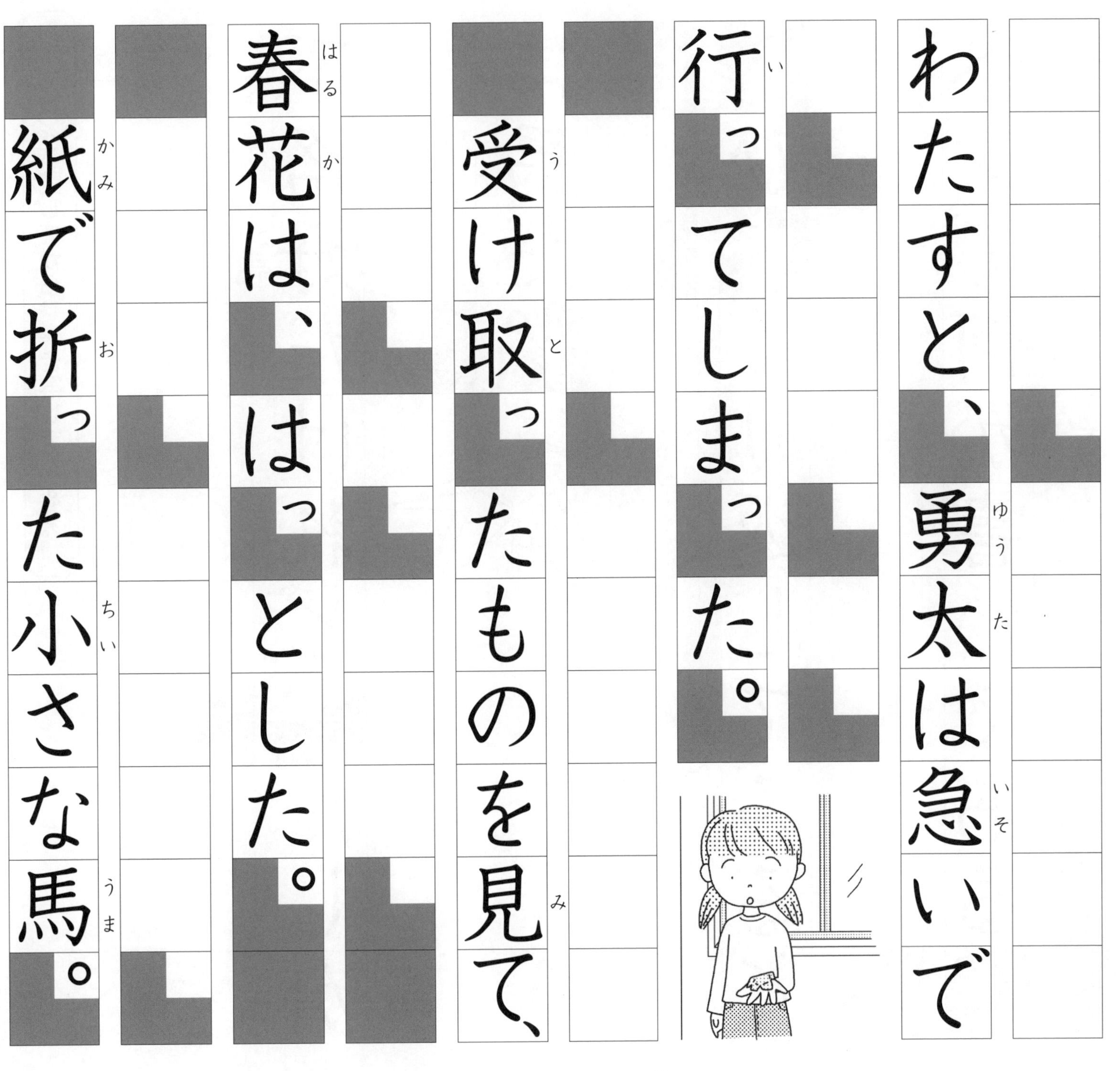

わたすと、勇太は急いで行ってしまった。

受け取ったものを見て、春花は、はっとした。

紙で折った小さな馬。

★書き終わったら、もう一度、音読しましょう。

（令和二年度版　光村図書　国語　五　銀河　蜂飼　耳）

なまえつけてよ ⑬

名前

文章を音読してから、書き写しましょう。

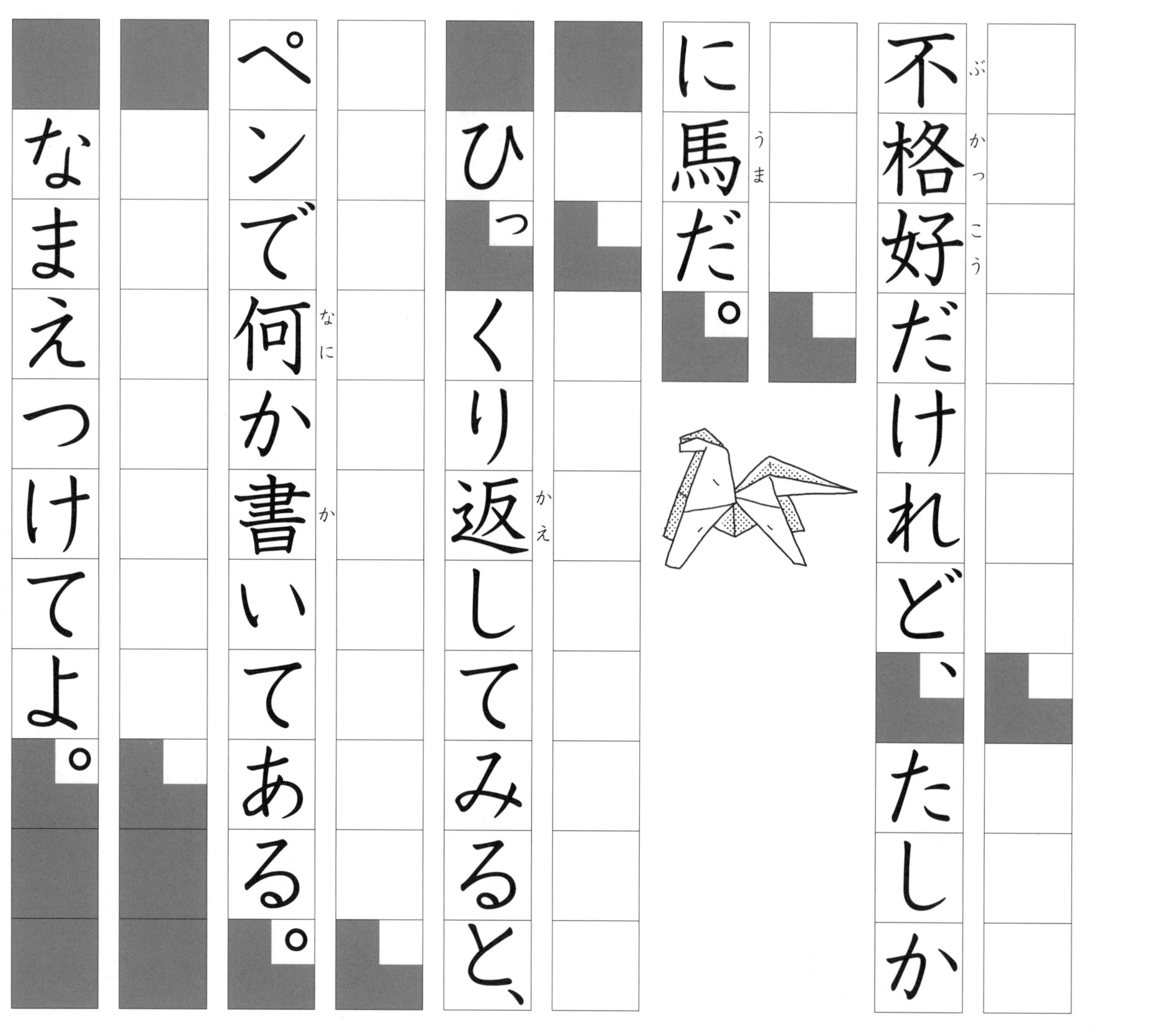

不格好だけれど、たしかに馬だ。

ひっくり返してみると、ペンで何か書いてある。なまえつけてよ。

★書き終わったら、もう一度、音読しましょう。

（令和二年度版　光村図書　国語　五　銀河　蜂飼　耳）

なまえつけてよ ⑭

名前

文章を音読してから、書き写しましょう。

らんぼうなぐらいに元気のいい字が、おどっている。

勇太って、こんなところがあるんだ。

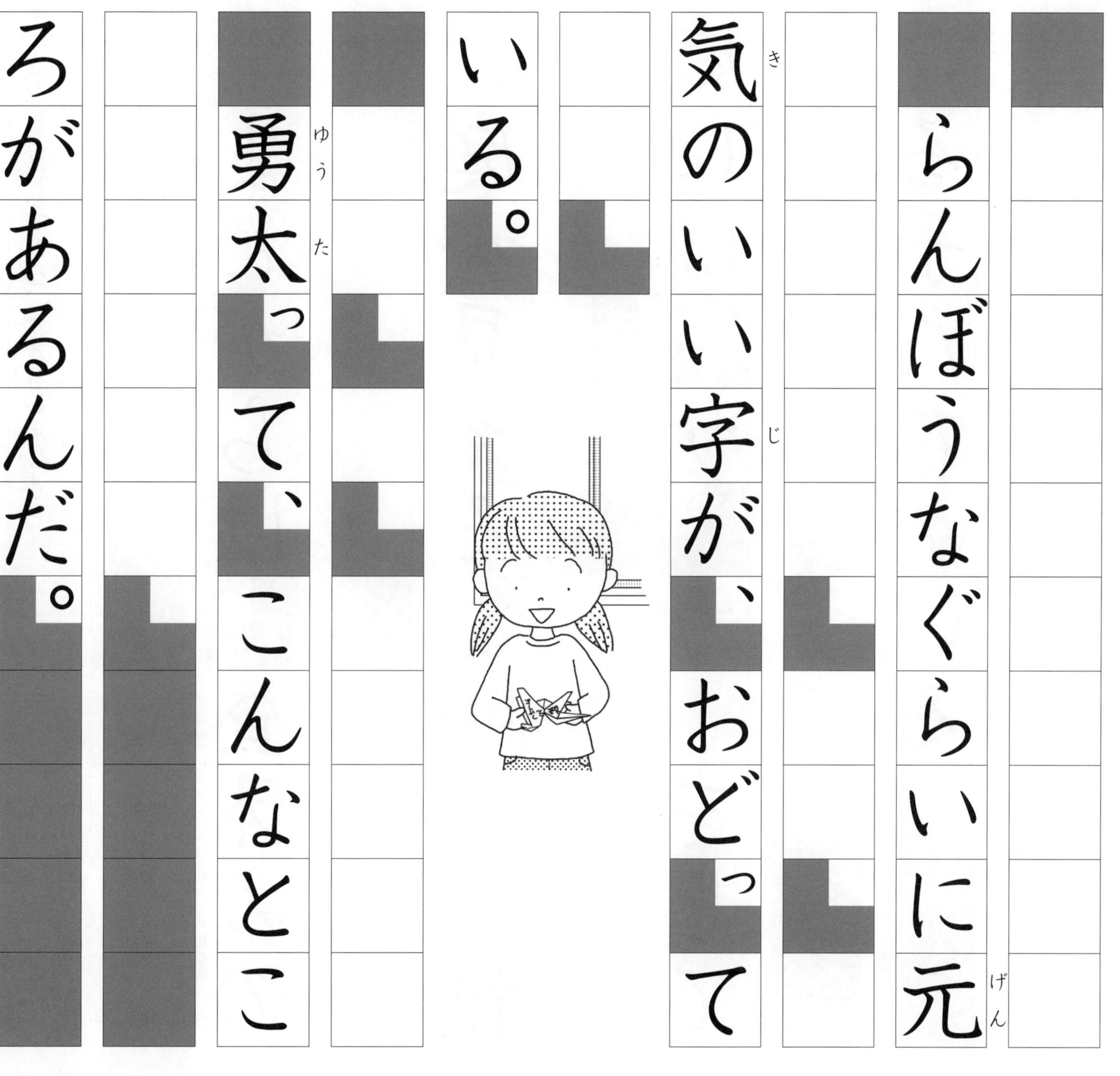

★書き終わったら、もう一度、音読しましょう。

（令和二年度版　光村図書　国語　五　銀河　蜂飼　耳）

なまえつけてよ ⑮

名前

文章を音読してから、書き写しましょう。

まどからは、昼休みの校庭が見える。明るい校庭には、サッカーをしている子たちがいる。

★書き終わったら、もう一度、音読しましょう。

（令和二年度版　光村図書　国語　五　銀河　蜂飼　耳）

なまえつけてよ ⑯

名前

文章を音読してから、書き写しましょう。

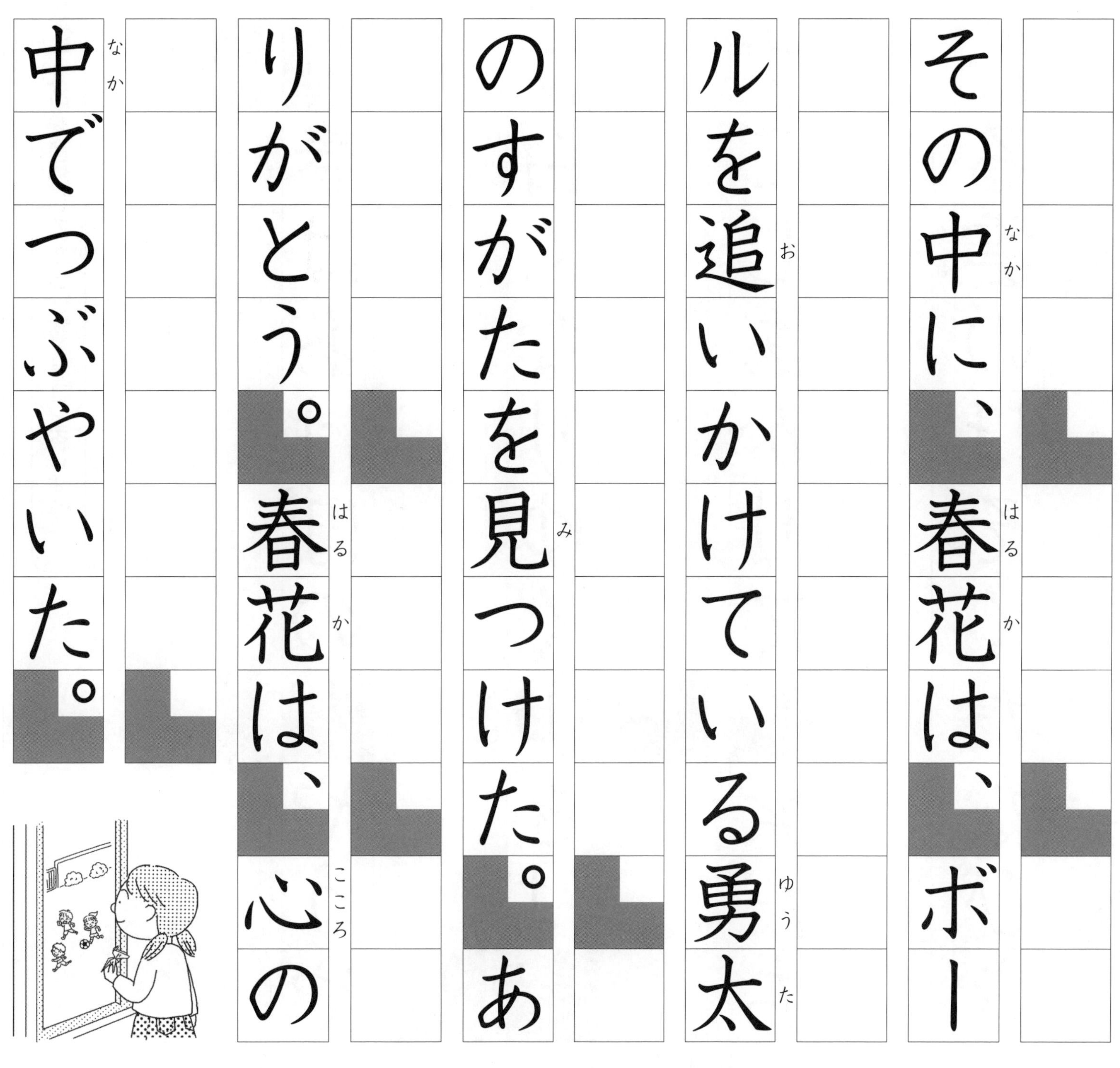

その中に、春花は、ボールを追いかけている勇太のすがたを見つけた。ありがとう。春花は、心の中でつぶやいた。

★書き終わったら、もう一度、音読しましょう。

（令和二年度版　光村図書　国語　五　銀河　蜂飼　耳）

季節の言葉　春の空　枕草子　①

名前

文章を音読してから、書き写しましょう。

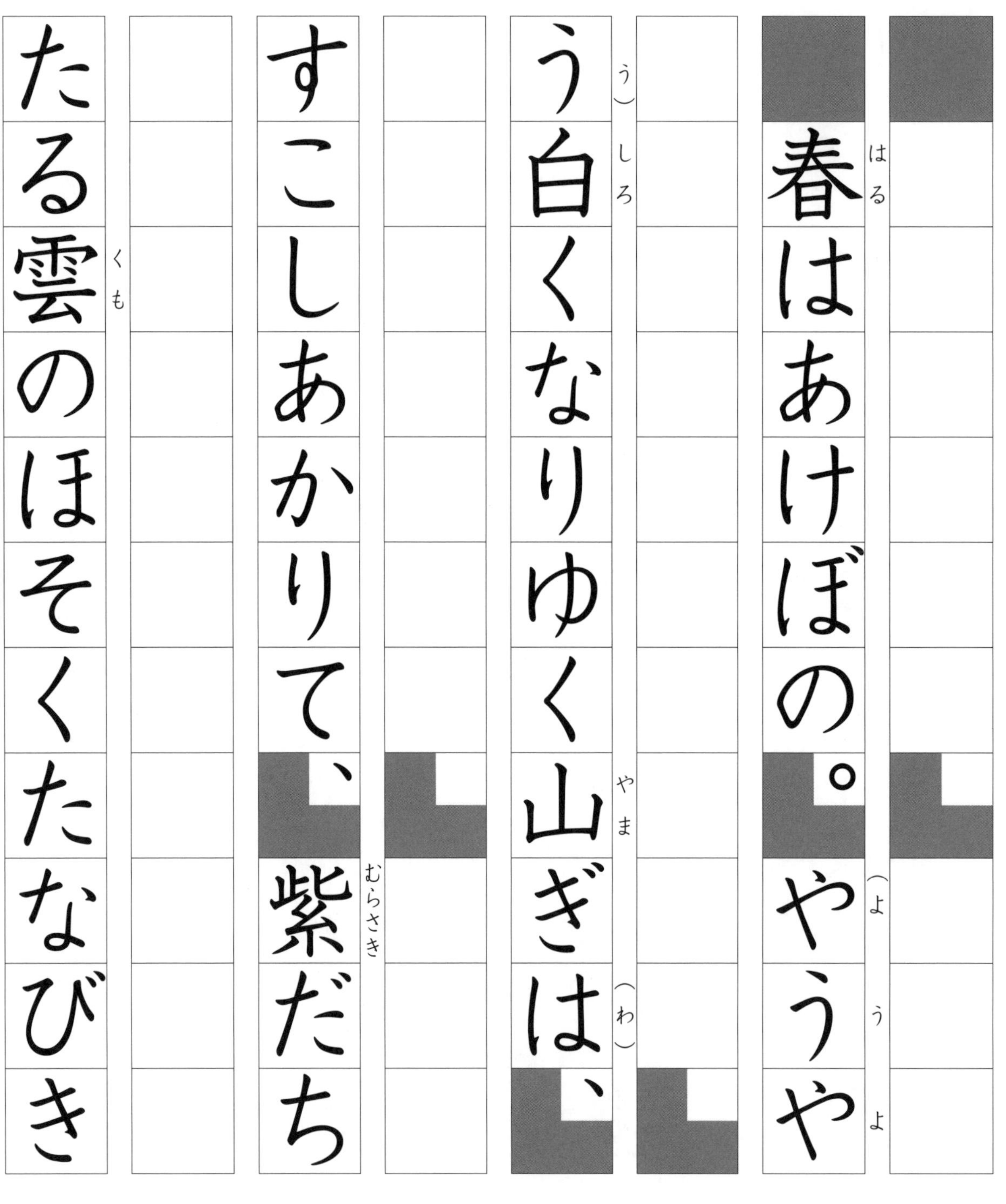

春はあけぼの。やうやう白くなりゆく山ぎは、すこしあかりて、紫だちたる雲のほそくたなびきたる。

★書き終わったら、もう一度、音読しましょう。

（令和二年度版　光村図書　国語　五　銀河　「季節の言葉一　春の空」による）
※「枕草子」は、令和二年度版　東京書籍　新しい国語　五にも掲載されています。

季節の言葉 春の空②
枕草子

名前

文章を音読して、覚えましょう。また、文章を書きましょう。

春はあけぼの。やうやう白くなりゆく山ぎは、すこしあかりて、紫だちたる雲のほそくたなびきたる。

★書き終わったら、もう一度、音読しましょう。

※「枕草子」は、令和二年度版 東京書籍 新しい国語 五にも掲載されています。
（令和二年度版 光村図書 国語 五 銀河「季節の言葉１ 春の空」による）

季節(きせつ)の言葉(ことば)　春(はる)の空(そら)　枕草子(まくらのそうし)　③

名前

文章(ぶんしょう)を暗唱(あんしょう)しましょう。覚(おぼ)えたら書(か)きましょう。

春(はる)

や(よう)

う

よ

白(しろ)

(う)

山(やま)

(わ)

す

紫(むらさき)

雲(くも)

た

★書(か)き終(お)わったら、もう一度(いちど)、音読(おんどく)しましょう。

※「枕草子」は、令和二年度版　東京書籍　新しい国語　五にも掲載されています。
(令和二年度版　光村図書　国語　五　銀河　「季節の言葉ー　春の空」による)

竹取物語　①

名前

文章を音読してから、書き写しましょう。

竹取物語

今は昔、竹取の翁といふ（う）ものありけり。野山にまじりて竹を取りつつ、よろづ（ず）のことに使ひ（い）けり。名をば、さぬきのみやつことなむ（ん）いひ（い）ける。

★書き終わったら、もう一度、音読しましょう。

※「竹取物語」の教材は、令和二年度版　東京書籍　新しい国語　五、令和二年度版　教育出版　ひろがる言葉　小学国語　五下　にも掲載されています。
（令和二年度版　光村図書　国語　五　銀河　「古典の世界（一）」による）

竹取物語 ②

文章を音読してから、書き写しましょう。

名前

その竹の中に、もと光る竹なむ一筋ありける。あやしがりて、寄りて見るに、筒の中光りたり。それを見れば、三寸ばかりなる人、いとうつくしうてゐたり。

筋 寄 筒 寸 ゐ

★書き終わったら、もう一度、音読しましょう。

※「竹取物語」の教材は、令和二年度版 光村図書 国語 五 銀河「古典の世界（一）」による（令和二年度版 東京書籍 新しい国語 五、令和二年度版 教育出版 ひろがる言葉 小学国語 五下 にも掲載されています。）

竹取物語 ③

名前

文章を音読して、覚えましょう。また、文章を書きましょう。

竹取物語

　今は昔、竹取の翁といふものありけり。野山にまじりて竹を取りつつ、よろづのことに使ひけり。名をば、さぬきのみやつことなむいひける。

　その竹の中に、もと光る竹なむ一筋ありける。あやしがりて、寄りて見るに、筒の中光りたり。それを見れば、三寸ばかりなる人、いとうつくしうてゐたり。

★書き終わったら、もう一度、音読しましょう。

（令和二年度版　光村図書　国語　五　銀河　「古典の世界（一）」による）

※「竹取物語」の教材は、令和二年度版　東京書籍　新しい国語　五、令和二年度版　教育出版　ひろがる言葉　小学国語　五下　にも掲載されています。

竹取物語 ④

名前

文章を暗唱しましょう。覚えたら書きましょう。

竹取物語

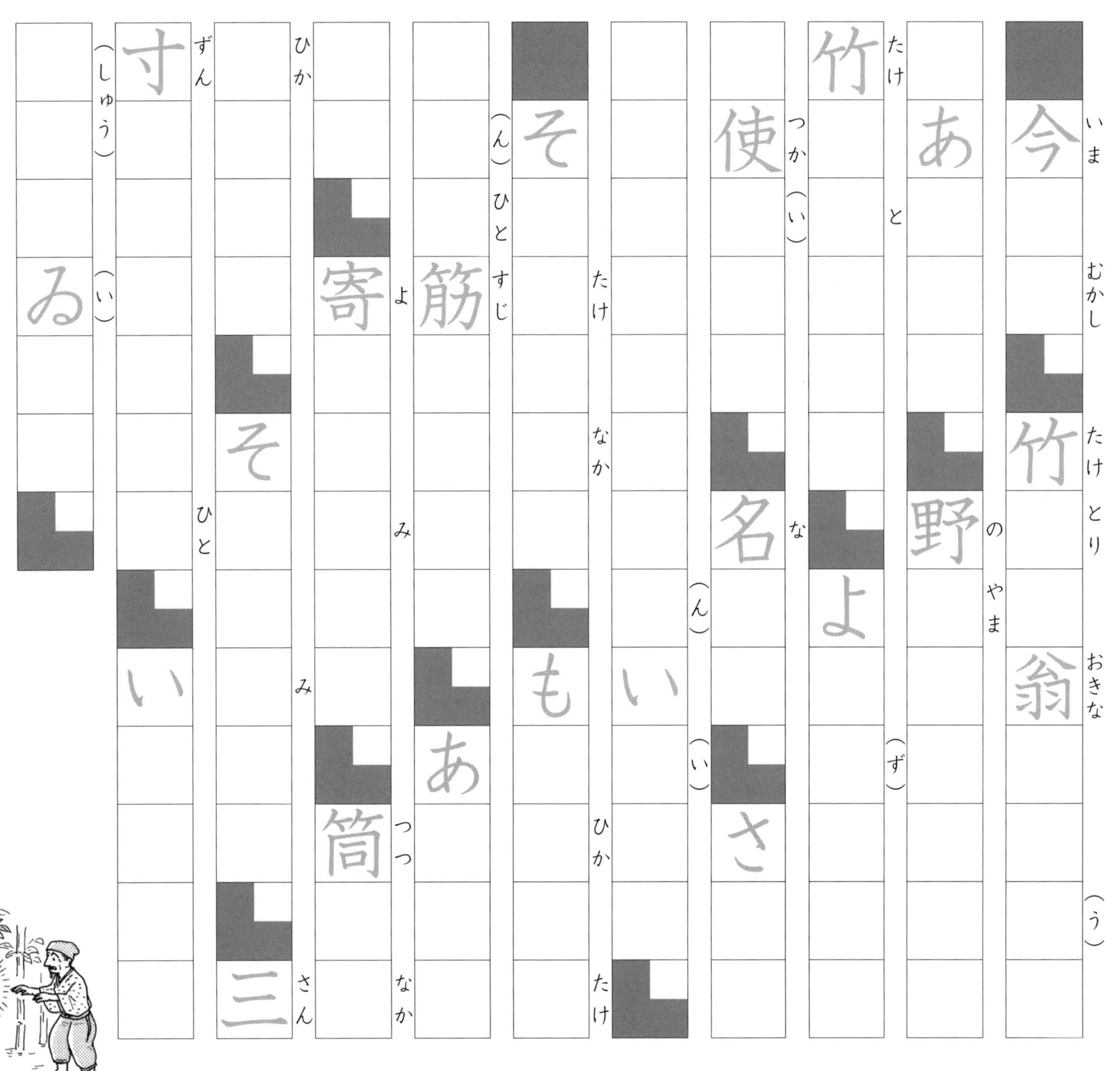

★書き終わったら、もう一度、音読しましょう。

※「竹取物語」の教材は、令和二年度版 光村図書 国語 五 銀河「古典の世界（一）」による（令和二年度版 東京書籍 新しい国語 五、令和二年度版 教育出版 ひろがる言葉 小学国語 五下 にも掲載されています。）

平家物語 ①

名前

文章を音読してから、書き写しましょう。

平家物語

祇園精舎の鐘の声、
諸行無常の響きあり。
沙羅双樹の花の色、
盛者必衰の理をあらはす。

★書き終わったら、もう一度、音読しましょう。

※「平家物語」の教材は、（令和二年度版 光村図書 国語 五 銀河 「古典の世界（一）」による）
東京書籍 新しい国語 五、令和二年度版 教育出版 ひろがる言葉 小学国語 五下 にも掲載されています。

平家物語 ②

名前

文章を音読してから、書き写しましょう。

おごれる人も久しからず、

久

ただ春の夜の夢のごとし。

夢

たけき者もつひ（い）には滅びぬ、

滅

ひとへ（え）に風の前の塵に同じ。

塵

★書き終わったら、もう一度、音読しましょう。

（令和二年度版　光村図書　国語　五　銀河　「古典の世界（一）」による）

※「平家物語」の教材は、令和二年度版　東京書籍　新しい国語　五、令和二年度版　教育出版　ひろがる言葉　小学国語　五下　にも掲載されています。

平家物語 ③

文章を音読して、覚えましょう。また、文章を書きましょう。

名前

平家物語

祇園精舎の鐘の声、
諸行無常の響きあり。
沙羅双樹の花の色、
盛者必衰の理をあらはす。
おごれる人も久しからず、
ただ春の夜の夢のごとし。
たけき者もつひには滅びぬ、
ひとへに風の前の塵に同じ。

★書き終わったら、もう一度、音読しましょう。

（令和二年度版 光村図書 国語 五 銀河「古典の世界（一）」による）
※「平家物語」の教材は、令和二年度版 東京書籍 新しい国語 五、令和二年度版 教育出版 ひろがる言葉 小学国語 五下 にも掲載されています。

平家物語 ④

名前

文章を暗唱しましょう。覚えたら書きましょう。

平家物語

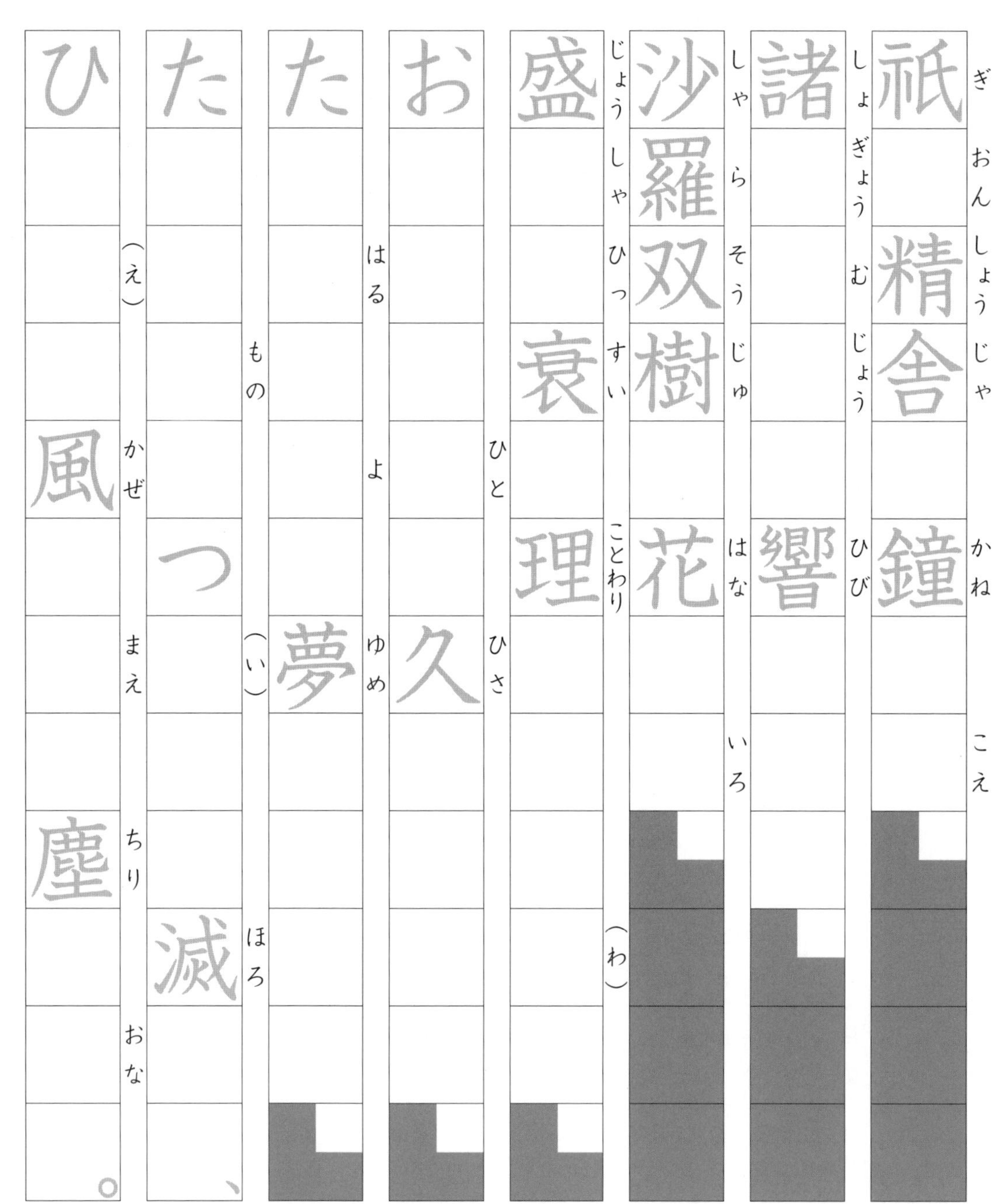

★書き終わったら、もう一度、音読しましょう。

※「平家物語」の教材は、令和二年度版　東京書籍　新しい国語　五、令和二年度版　教育出版　ひろがる言葉　小学国語　五下　にも掲載されています。（令和二年度版　光村図書　国語　五　銀河「古典の世界（一）」による）

徒然草 ①

名前

文章を音読してから、書き写しましょう。

徒然草

兼好法師

つれづれなるままに、日暮らし、硯に向かひて、心にうつりゆくよしなし事を、そこはかとなく書きつくれば、あやしうこそものぐるほしけれ。

★書き終わったら、もう一度、音読しましょう。

※「徒然草」の教材は、令和二年度版 東京書籍 新しい国語 五 にも掲載されています。
（令和二年度版 光村図書 国語 五 銀河「古典の世界（一）」による）

徒然草 ②

名前

文章を音読して、覚えましょう。また、文章を書きましょう。

徒然草

兼好法師

つれづれなるままに、日暮らし、硯に向かひて、心にうつりゆくよしなし事を、そこはかとなく書きつくれば、あやしうこそものぐるほしけれ。

★書き終わったら、もう一度、音読しましょう。

※「徒然草」の教材は、令和二年度版　東京書籍　新しい国語　五「古典の世界（一）」による
（令和二年度版　光村図書　国語　五　銀河　にも掲載されています。）

徒然草（つれづれぐさ）③

名前

文章を暗唱しましょう。覚えたら書きましょう。

徒然草（つれづれぐさ）

兼好法師（けんこうほうし）

つ　な　日（ひ）

暮（ぐ）　硯（すずり）　む　（い）　ごと　心（こころ）

う　よ　、

そ　書（か）

（お）　あ　（しゅう）　も

★書き終わったら、もう一度、音読しましょう。

※「徒然草」の教材は、令和二年度版 光村図書 国語 五 銀河「古典の世界（一）」による
（令和二年度版 東京書籍 新しい国語 五 にも掲載されています。）

おくのほそ道 ①

名前

文章を音読してから、書き写しましょう。

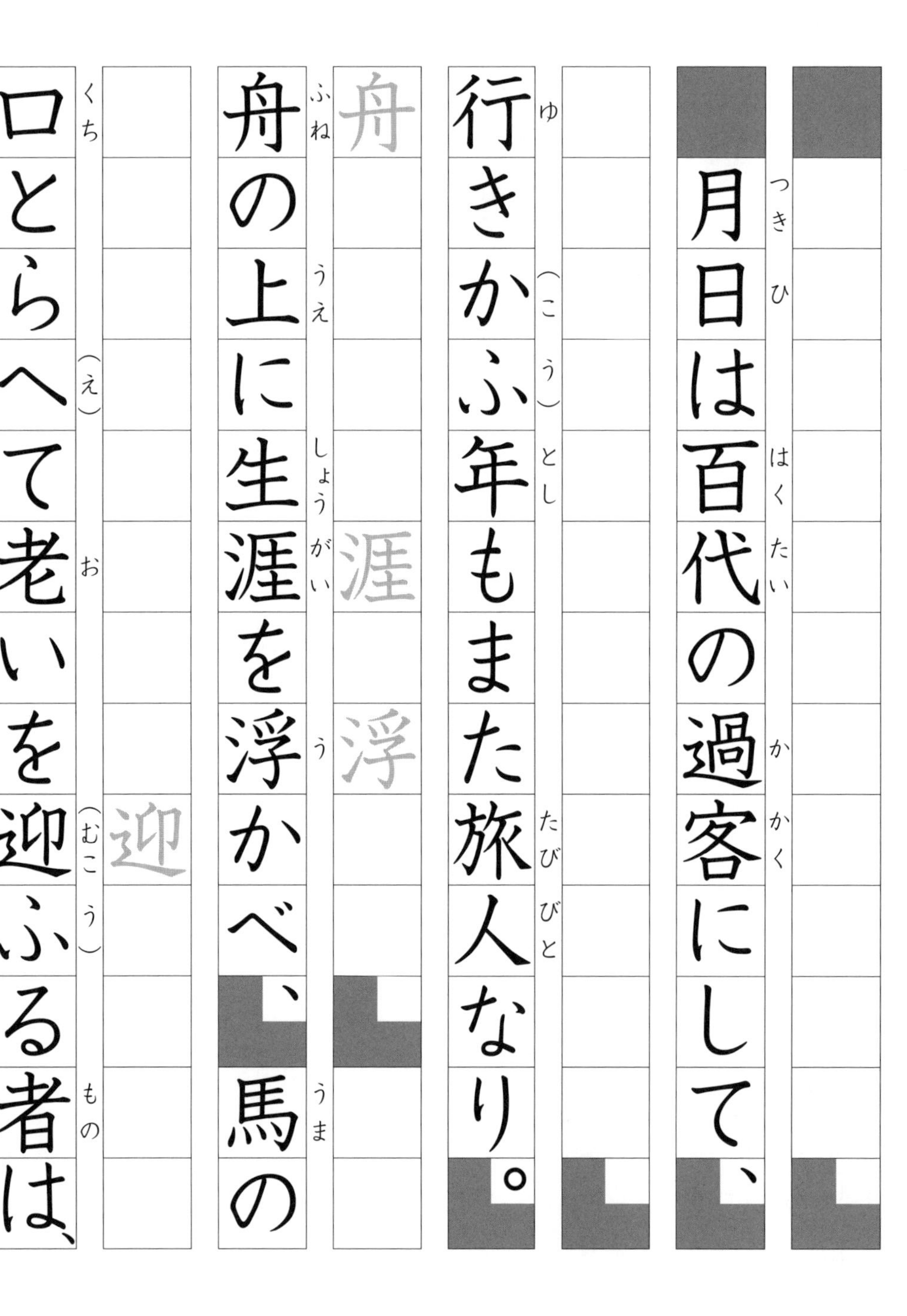

おくのほそ道

松尾芭蕉

月日は百代の過客にして、行きかふ年もまた旅人なり。舟の上に生涯を浮かべ、馬の口とらへて老いを迎ふる者は、日々旅にして旅をすみかとす。

★書き終わったら、もう一度、音読しましょう。

※「おくのほそ道」の教材は、令和二年度版 東京書籍 新しい国語 五「古典の世界（一）」による（令和二年度版 光村図書 国語 五 銀河 にも掲載されています。）

おくのほそ道(みち) ②

名前

文章(ぶんしょう)を音読(おんどく)して、覚(おぼ)えましょう。また、文章(ぶんしょう)を書(か)きましょう。

おくのほそ道(みち)

松尾(まつお)芭蕉(ばしょう)

月日(つきひ)は百代(はくたい)の過客(かかく)にして、行(ゆ)きかふ(こう)年(とし)もまた旅人(たびびと)なり。舟(ふね)の上(うえ)に生涯(しょうがい)を浮(う)かべ、馬(うま)の口(くち)とらへ(え)て老(お)いを迎(むか)ふる(こう)者(もの)は、日々(ひび)旅(たび)にして旅(たび)をすみかとす。

★書(か)き終(お)わったら、もう一度(いちど)、音読(おんどく)しましょう。

※「おくのほそ道」の教材は、令和二年度版 光村図書 国語 五 銀河「古典の世界(一)」による
(令和二年度版 東京書籍 新しい国語 五 にも掲載されています。)

おくのほそ道（みち）③

名前

文章（ぶんしょう）を暗唱（あんしょう）しましょう。覚（おぼ）えたら書（か）きましょう。

おくのほそ道（みち）

松尾（まつお）　芭蕉（ばしょう）

月（つき）　ひ　百代（はくたい）　過客（かかく）　、
行（ゆ）　かふ（こう）　とし　ま　たびびと　。
舟（ふね）　うえ　生涯（しょうがい）　浮（う）　馬（うま）
くち　（え）　老（お）　迎（むこう）
もの　日々（ひび）　たび　旅（たび）

★書（か）き終（お）わったら、もう一度（いちど）、音読（おんどく）しましょう。

※「おくのほそ道」の教材は、令和二年度版　東京書籍　新しい国語　五　にも掲載されています。
（令和二年度版　光村図書　国語　五　銀河「古典の世界（一）」による）

季節の言葉　夏の夜　枕草子　①

名前

文章を音読してから、書き写しましょう。

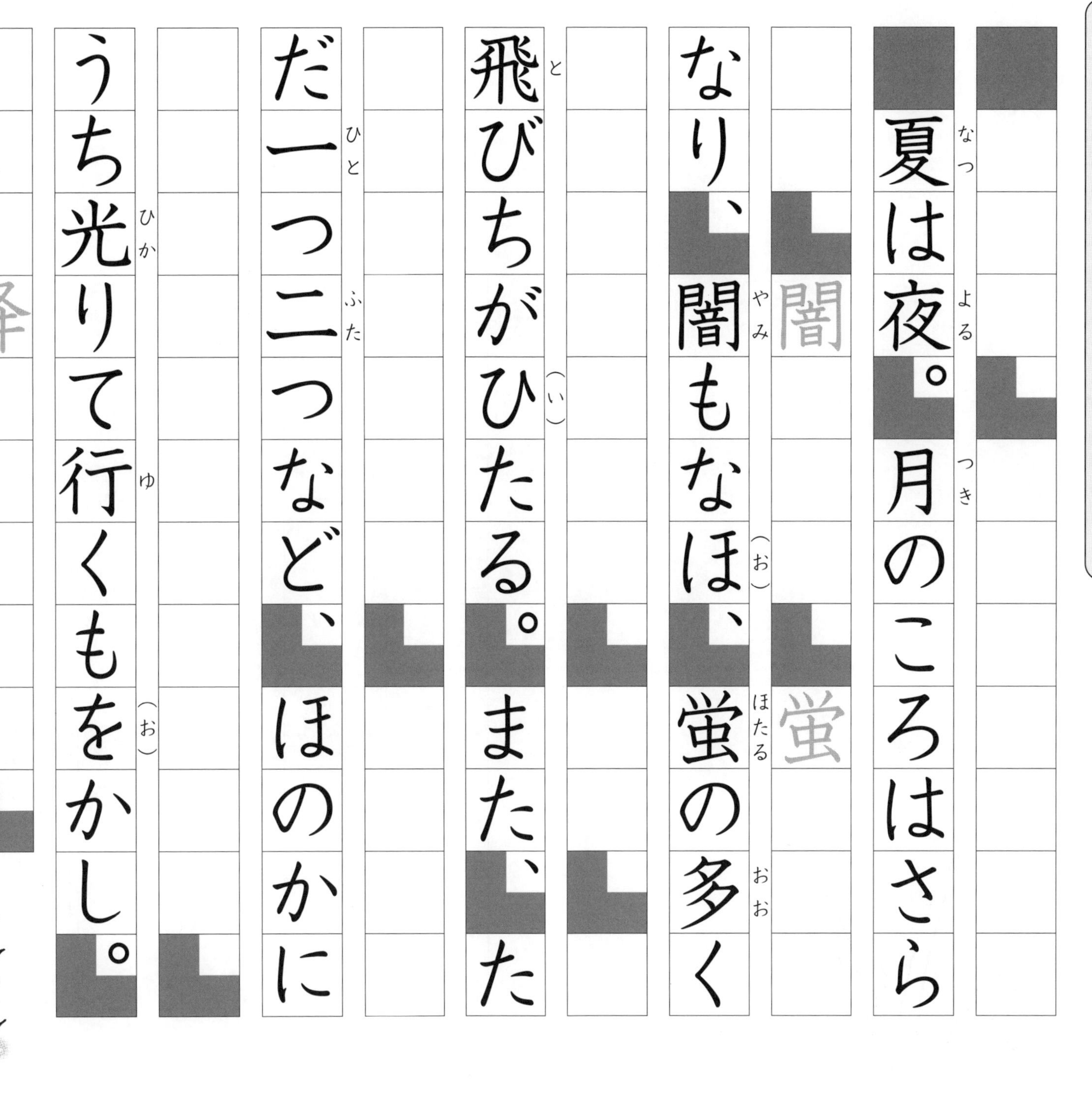

夏は夜。月のころはさらなり、闇もなほ、蛍の多く飛びちがひたる。また、ただ一つ二つなど、ほのかにうち光りて行くもをかし。雨など降るもをかし。

★書き終わったら、もう一度、音読しましょう。

（令和二年度版　光村図書　国語　五　銀河「季節の言葉2　夏の夜」による）
※「枕草子」は、令和二年度版　東京書籍　新しい国語　五にも掲載されています。

季節の言葉　夏の夜　枕草子　②

名前

文章を音読して、覚えましょう。また、文章を書きましょう。

夏は夜。月のころはさらなり、闇もなほ、蛍の多く飛びちがひたる。また、ただ一つ二つなど、ほのかにうち光りて行くもをかし。雨など降るもをかし。

★書き終わったら、もう一度、音読しましょう。

※（令和二年度版　光村図書　国語　五　銀河「季節の言葉2　夏の夜」による）
「枕草子」は、令和二年度版　東京書籍　新しい国語　五にも掲載されています。

季節(きせつ)の言葉(ことば)　夏(なつ)の夜(よる)　枕草子(まくらのそうし)　③

名前

文章(ぶんしょう)を暗唱(あんしょう)しましょう。覚(おぼ)えたら書(か)きましょう。

夏(なつ)　夜(よる)　月(つき)　（お）　さ(おお)

闇(やみ)　（い）　（お）　蛍(ほたる)

飛(と)　ひと　ふた　ま　た

ひか　ほ　（お）

う　行(ゆ)　（お）

雨(あめ)　降(ふ)

★書(か)き終(お)わったら、もう一度(いちど)、音読(おんどく)しましょう。

※「枕草子」は、令和二年度版　東京書籍　新しい国語　五にも掲載されています。
（令和二年度版　光村図書　国語　五　銀河「季節の言葉２　夏の夜」による）

春暁 ①

名前

漢詩を音読してから、書き写しましょう。

春暁

孟浩然

春眠暁を覚えず
処処に啼鳥を聞く
夜来風雨の声
花落つること知る多少

★書き終わったら、もう一度、音読しましょう。

※「春暁」の教材は、令和二年度版 光村図書 国語 五 銀河「漢文に親しむ」にも掲載されています。
（令和二年度版 教育出版 ひろがる言葉 小学国語 五上 による）

春暁②

名前

漢詩を音読して、覚えましょう。また、漢詩を書きましょう。

春暁

孟浩然

春眠暁を覚えず
処処に啼鳥を聞く
夜来風雨の声
花落つること知る多少

★書き終わったら、もう一度、音読しましょう。

※「春暁」の教材は、令和二年度版　光村図書　国語　五　銀河　にも掲載されています。
（令和二年度版　教育出版　ひろがる言葉　小学国語　五上　「漢文に親しむ」による）

春暁（しゅんぎょう） ③

名前

漢詩（かんし）を暗唱（あんしょう）しましょう。覚（おぼ）えたら書（か）きましょう。

春暁（しゅんぎょう）

孟浩然（もうこうねん）

しゅん　眠（みん）　暁（あかつき）　おぼ

処（しょ）処（しょ）　啼（てい）ちょう　き

夜（や）らい　風（ふう）う　こえ

花（はな）　落（お）　知（し）　たしょう

★書（か）き終（お）わったら、もう一度（いちど）、音読（おんどく）しましょう。

※「春暁」の教材は、令和二年度版　教育出版　ひろがる言葉　小学国語　五上「漢文に親しむ」による
（令和二年度版　光村図書　国語　五　銀河　にも掲載されています。）

カレーライス ①

名前

文章を音読してから、書き写しましょう。

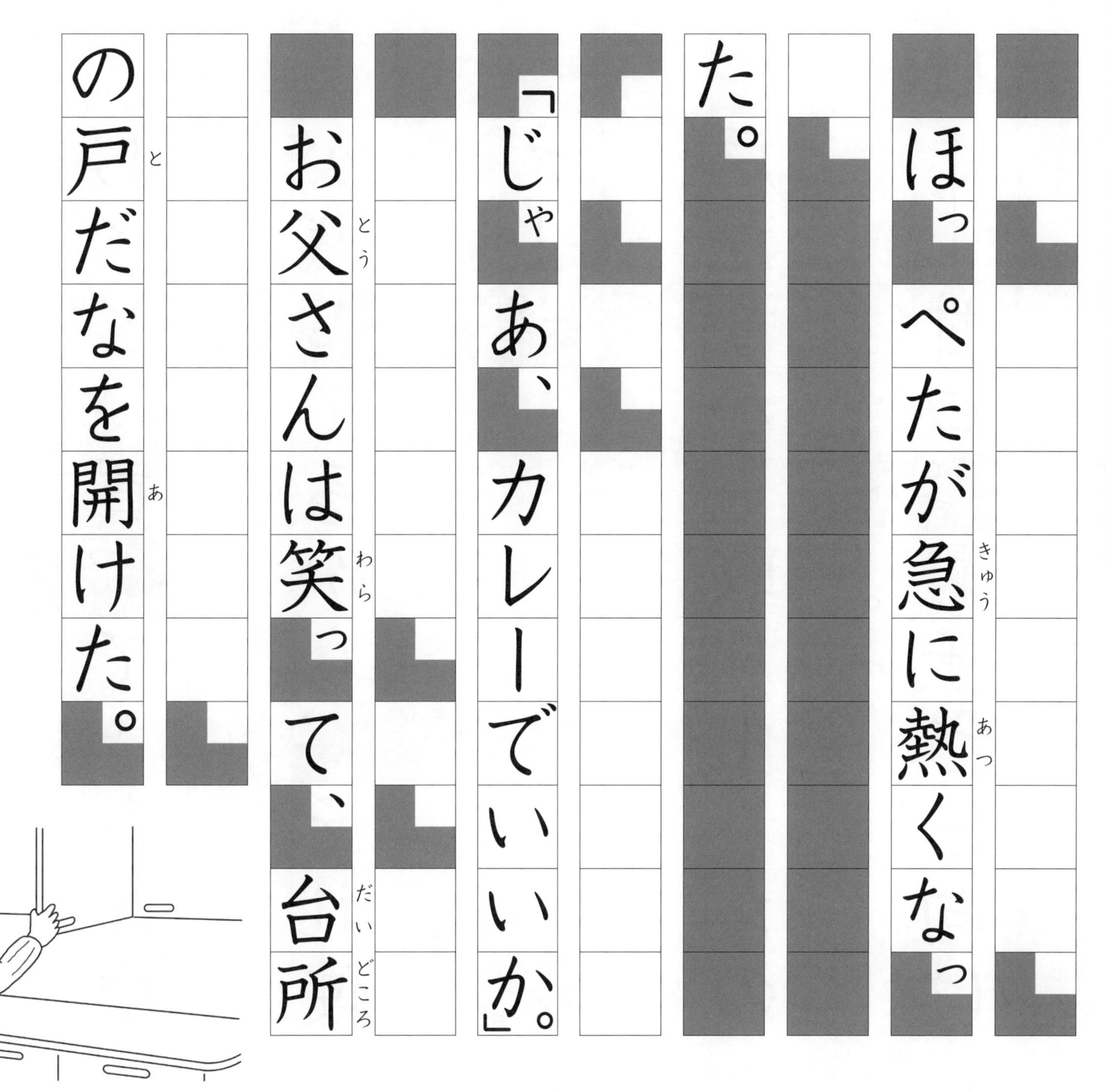

ほっぺたが急に熱くなった。

「じゃあ、カレーでいいか。」

お父さんは笑って、台所の戸だなを開けた。

★書き終わったら、もう一度、音読しましょう。

（令和二年度版　光村図書　国語　五　銀河　重松　清）

カレーライス ②

名前

文章を音読してから、書き写しましょう。

「おととい買ってきたルウが残ってるから、それ使えよ。」

戸だなから取り出したのは――甘口。お子さま向けの、うんとあまいやつ。

★書き終わったら、もう一度、音読しましょう。

（令和二年度版　光村図書　国語　五　銀河　重松　清）

カレーライス ③

名前

文章を音読してから、書き写しましょう。

お母さんが、

「ひろしはこっちね。」

と、ぼくの分だけ別のなべでカレーを作っていた。低学年のころは、ルウはいつもこれだった。

★書き終わったら、もう一度、音読しましょう。

（令和二年度版　光村図書　国語　五　銀河　重松　清）

カレーライス ④

名前

文章を音読してから、書き写しましょう。

「だめだよ、こんなのじゃ。」

ぼくは戸だなの別の場所から、お母さんが買い置きしているルウを出した。

★書き終わったら、もう一度、音読しましょう。

（令和二年度版　光村図書　国語　五　銀河　重松　清）

カレーライス ⑤

名前

文章を音読してから、書き写しましょう。

「だって、ひろし、それ
『中辛』だぞ。からい
んだぞ、口の中ひいひ
いしちゃうぞ」。
「何言ってんの、

★書き終わったら、もう一度、音読しましょう。

（令和二年度版　光村図書　国語　五　銀河　重松　清）

カレーライス ⑥

名前

文章を音読してから、書き写しましょう。

お母さんと二人のときは、
いつもこれだよ。」
お父さんは、またきょとんとした顔になった。
「おまえ、もう『中辛』なのか。」

★書き終わったら、もう一度、音読しましょう。

（令和二年度版　光村図書　国語　五　銀河　重松　清）

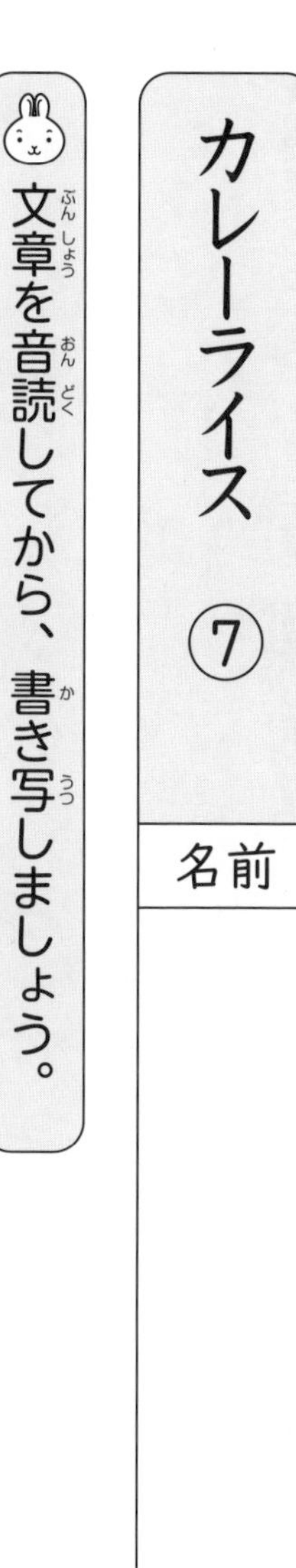

カレーライス ⑦

名前

文章を音読してから、書き写しましょう。

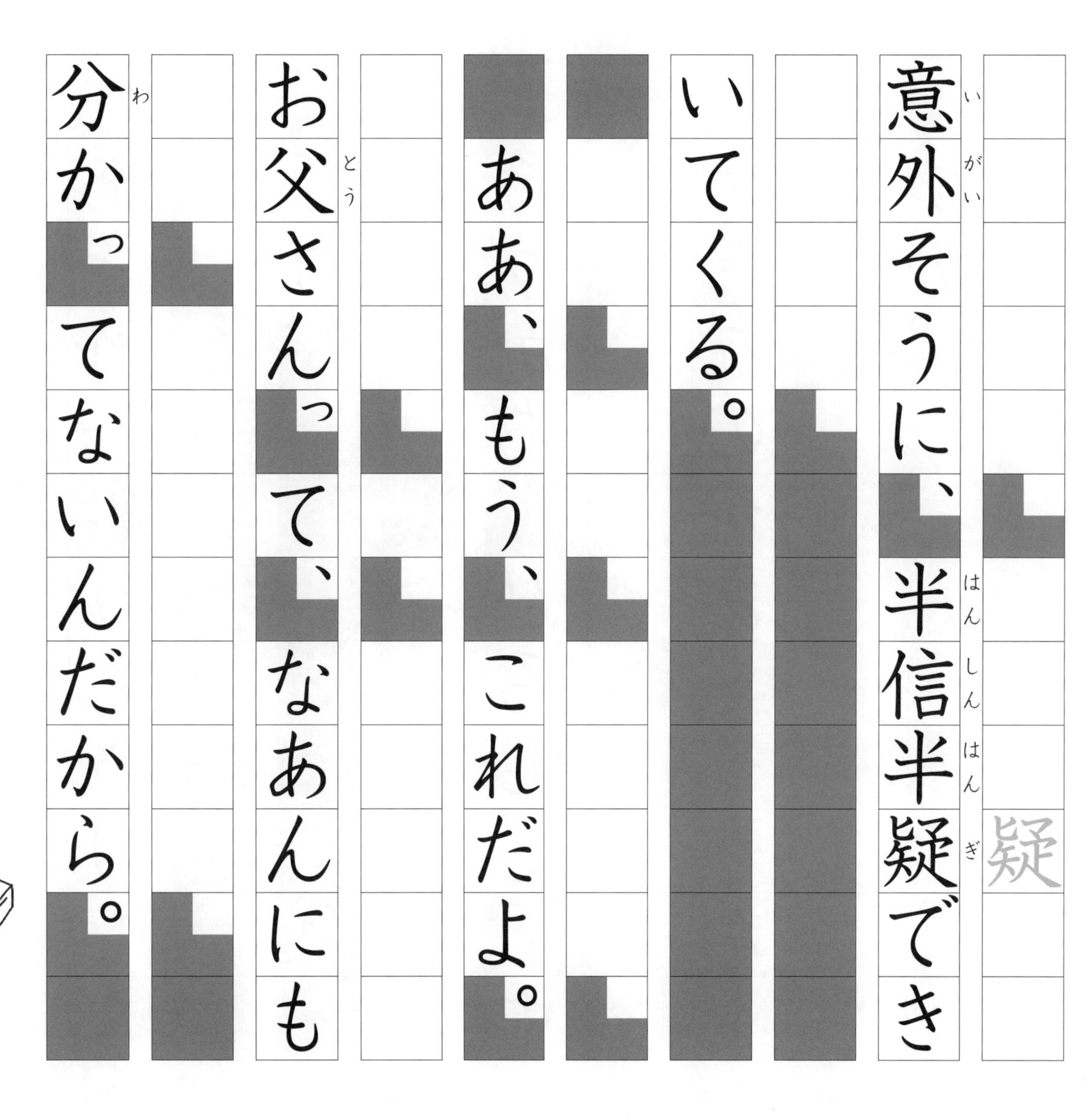

意外そうに、半信半疑でき
いてくる。
ああ、もう、これだよ。
お父さんって、なあんにも
分かってないんだから。

★書き終わったら、もう一度、音読しましょう。

（令和二年度版　光村図書　国語　五　銀河　重松　清）

カレーライス ⑧

名前

文章(ぶんしょう)を音読(おんどく)してから、書(か)き写(うつ)しましょう。

あきれた。うんざりした。

でも、

「そうかあ、ひろしも『中(ちゅう)辛(から)』なのかあ、そうかそうか」。

★書(か)き終(お)わったら、もう一度(いちど)、音読(おんどく)しましょう。

（令和二年度版　光村図書　国語　五　銀河　重松　清）

カレーライス ⑨

名前

文章を音読してから、書き写しましょう。

と、うれしそうに何度もう
なずくお父さんを見ている
と、なんだかこっちまでう
れしくなってきた。

★書き終わったら、もう一度、音読しましょう。

（令和二年度版　光村図書　国語　五　銀河　重松　清）

カレーライス ⑩

名前

文章を音読してから、書き写しましょう。

二人で作ったカレーライスができあがった。野菜担当のお父さんが切ったじゃがいもやにんじんは、やっぱり不格好だったけど、

★書き終わったら、もう一度、音読しましょう。

（令和二年度版　光村図書　国語　五　銀河　重松　清）

カレーライス ⑪

名前

文章を音読してから、書き写しましょう。

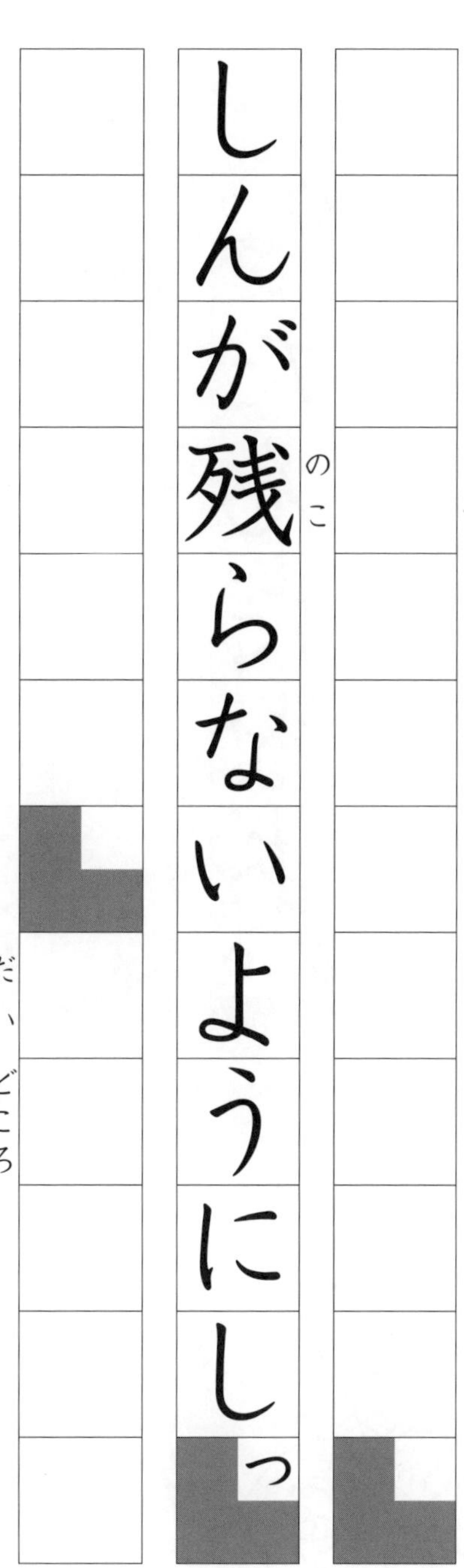

しんが残らないようにしっかりにこんだ。台所にカレーの香りがぷうんとただよう。カレーはこうでなくっちゃ。

★書き終わったら、もう一度、音読しましょう。

（令和二年度版　光村図書　国語　五　銀河　重松　清）

カレーライス ⑫

名前

文章を音読してから、書き写しましょう。

お父さんは、ずっとごきげんだった。

「いやあ、まいったなあ。ひろしももう『中辛』だったんだなあ。

★書き終わったら、もう一度、音読しましょう。

（令和二年度版 光村図書 国語 五 銀河 重松 清）

カレーライス ⑬

名前

文章を音読してから、書き写しましょう。

そうだよなあ、来年から

中学生なんだもんなあ。」

と、一人でしゃべって、

「かぜも治っちゃったよ。」

と笑って、

★書き終わったら、もう一度、音読しましょう。

（令和二年度版　光村図書　国語　五　銀河　重松　清）

カレーライス ⑭

名前

文章を音読してから、書き写しましょう。

思いっ切り大もりにご飯をよそった。

卓

食卓に向き合ってすわった。「ごめんなさい。」は言えなかったけど、お父さんはごきげんだし、

★書き終わったら、もう一度、音読しましょう。

（令和二年度版　光村図書　国語　五　銀河　重松　清）

カレーライス ⑮

名前

文章を音読してから、書き写しましょう。

「今度は別の料理も二人で作ろうか。」と約束したし、残り半分になった今月の「お父さんウィーク」は、いつもよりちょっと楽しく過ごせそうだ。

★書き終わったら、もう一度、音読しましょう。

（令和二年度版　光村図書　国語　五　銀河　重松　清）

カレーライス ⑯

名前

文章を音読してから、書き写しましょう。

「じゃあ、いただきまあす。」
口を大きく開けてカレーをほお張った。

ぼくたちの特製カレーは、ぴりっとからくて、でも、ほんのりあまかった。

★書き終わったら、もう一度、音読しましょう。

（令和二年度版　光村図書　国語　五　銀河　重松　清）

からたちの花 ①

名前

詩を音読してから、書き写しましょう。

からたちの花

北原 白秋

からたちの花が咲いたよ。
白い白い花が咲いたよ。

からたちのとげはいたいよ。
青い青い針のとげだよ。

★書き終わったら、もう一度、音読しましょう。

（令和二年度版　光村図書　国語　五　銀河　北原　白秋）

からたちの花（はな） ②

名前

詩（し）を音読（おんどく）してから、書（か）き写（うつ）しましょう。

からたちは畑（はた）の垣根（かきね）よ。

畑　垣

いつもいつもとおる道（みち）だよ。

からたちも秋（あき）はみのるよ。

まろいまろい金（きん）のたまだよ。

★書（か）き終（お）わったら、もう一度（いちど）、音読（おんどく）しましょう。

（令和二年度版　光村図書　国語　五　銀河　北原　白秋）

からたちの花 ③

名前

詩を音読してから、書き写しましょう。

からたちのそばで泣いたよ。
みんなみんなやさしかったよ。

からたちの花が咲いたよ。
白い白い花が咲いたよ。

★書き終わったら、もう一度、音読しましょう。

（令和二年度版　光村図書　国語　五　銀河　北原　白秋）

からたちの花 ④

名前

詩を音読して、覚えましょう。また、詩を書きましょう。

からたちの花

北原　白秋

からたちの花が咲いたよ。
白い白い花が咲いたよ。

からたちのとげはいたいよ。
青い青い針のとげだよ。

からたちは畑の垣根よ。
いつもいつもとおる道だよ。

★書き終わったら、もう一度、音読しましょう。

（令和二年度版　光村図書　国語　五　銀河　北原　白秋）

からたちの花（はな） ⑤

詩（し）を暗唱（あんしょう）しましょう。覚（おぼ）えたら書（か）きましょう。

名前

からたちの花（はな）

北原（きたはら）　白秋（はくしゅう）

か　はな　咲（さ）

白（しろ）　しろ　はな　咲（さ）

か　と

青（あお）　あお　針（はり）

か　畑（はた）　垣（かき）　ね

い　と　みち

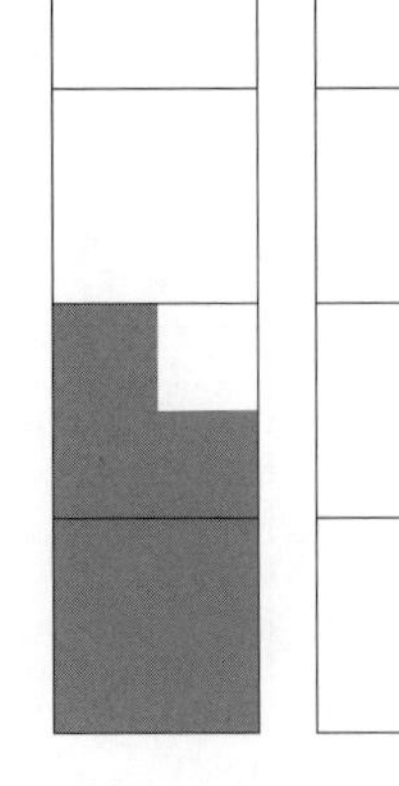
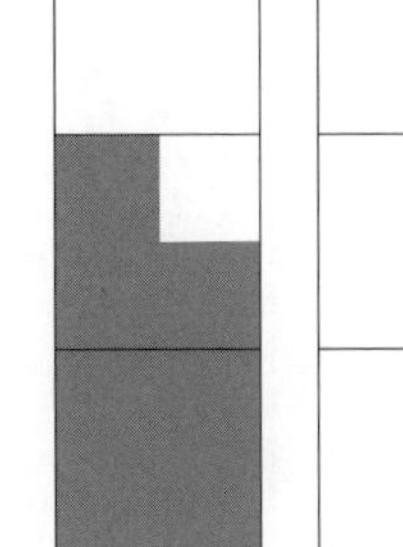
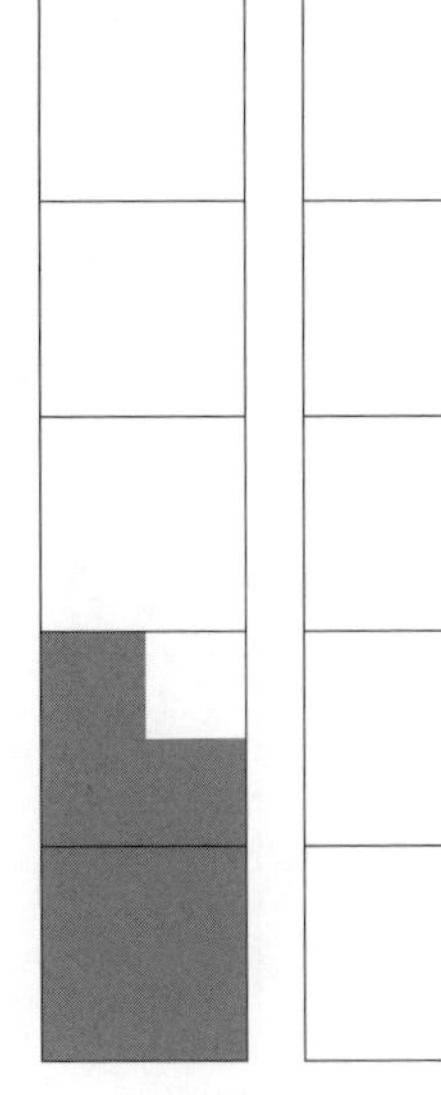

★書（か）き終（お）わったら、もう一度（いちど）、音読（おんどく）しましょう。

（令和二年度版　光村図書　国語　五　銀河　北原　白秋）

からたちの花 ⑥

名前

詩を音読して、覚えましょう。また、詩を書きましょう。

からたちも秋はみのるよ。
まろいまろい金のたまだよ。

からたちのそばで泣いたよ。
みんなみんなやさしかったよ。

からたちの花が咲いたよ。
白い白い花が咲いたよ。

★書き終わったら、もう一度、音読しましょう。

（令和二年度版　光村図書　国語　五　銀河　北原　白秋）

からたちの花 ⑦

名前

詩を暗唱しましょう。覚えたら書きましょう。

か　秋（あき）

ま　金（きん）

か　そ（な）

み　や　。

か　（はな）咲（さ）

白（しろ）　（しろ）（はな）咲（さ）

★書き終わったら、もう一度、音読しましょう。

（令和二年度版　光村図書　国語　五　銀河　北原　白秋）

文の組み立てに注意した文作り（主語と述語の関係）①-(1)

名前

● 〈例〉のように、次の文の主語、述語を変えて文を作りましょう。

〈例〉 わたしは、祖父が書いた小説を読んだ。

（主語：わたしは　述語：読んだ）

主語：ぼくは
述語：買った

ぼくは、祖父が書いた小説を買った。

① これは、友だちが作ったクッキーだ。

（主語：これは　述語：クッキーだ）

主語：あれは
述語：ケーキだ

② 弟は、父が使っていたギターをもらった。

（主語：弟は　述語：もらった）

主語：兄は
述語：借りた

文の組み立てに注意した文作り（主語と述語の関係）①-(2)

名前

● 〈例〉のように、次の文の主語、述語を変えて文を作りましょう。

〈例〉祖父が飼っている犬は、かわいい。（主語：犬は　述語：かわいい）

主語：ねこは　述語：白い

祖父が飼っているねこは、白い。

① ぼくが育てたちょうが、飛んだ。（主語：ちょうが　述語：飛んだ）

主語：クワガタが　述語：にげた

② 姉が植えたかぼちゃが、実った。（主語：かぼちゃが　述語：実った）

主語：トマトが　述語：赤くなった

文の組み立てに注意した文作り ①-(3)
（主語と述語の関係）

名前

● 〔例〕のように、次の文の主語、述語を変えて文を作りましょう。

〔例〕 良い天気だったので、わたしは、校庭で走った。

主語：五年一組の児童は　述語：遊んだ

良い天気だったので、五年一組の児童は、校庭で遊んだ。

① 雨がふったら、マラソン大会は、中止だ。

主語：運動会は　述語：えん期だ

② 空ににじが現れたから、母は、感動した。

主語：妹は　述語：おどろいた

文の組み立てに注意した文作り（主語と述語の関係）　②-(1)

名前

● 〔例〕のように、次の文をそれぞれ主語と述語のある二文に分けて、書き直しましょう。

〔例〕 これは、弟が拾ったどんぐりだ。

弟がどんぐりを拾った。
これは、そのどんぐりだ。

① これは、ショパンがかいた曲だ。

ショパンが
これは、その

② 弟は、母が作った料理を食べた。

文の組み立てに注意した文作り（主語と述語の関係）②-(2)

名前

● 〈例〉のように、次の文をそれぞれ主語と述語のある二文に分けて、書き直しましょう。

〈例〉 兄が借りたマンガを弟が読んでいる。（主語・述語）

兄がマンガを借りた。
そのマンガを弟が読んでいる。

① 父が作ったピザを母が食べている。（主語・述語）

父がピザを
そのピザを

② 母が買った牛にゅうを弟が飲んだ。（主語・述語）

文の組み立てに注意した文作り（主語と述語の関係）③

名前

● 〈例〉のように、主語と述語に気をつけて、次の二文を一文に書き直しましょう。

〈例〉
姉が歌を作った。（主語：姉が　述語：作った。）
その歌は、きれいだった。（主語：その歌は、　述語：きれいだった。）

姉が作った歌は、きれいだった。

① 兄がマンガをかいた。（主語：兄が　述語：かいた。）
そのマンガは、おもしろい。（主語：そのマンガは、　述語：おもしろい。）

② 母がパソコンを買った。（主語：母が　述語：買った。）
弟は、そのパソコンを使う。（主語：弟は、　述語：使う。）

つなぎ言葉を使った文作り ①-(1)

名前

〔例〕のように、次の文に合うつなぎ言葉を□から選び、文を完成させましょう。

〔例〕
ぼくは、サッカーが好きだ。
だから、サッカー選手になりたい。

①
一生けん命にがんばった。
、試合に負けた。

②
昨日、台風が来た。
、外に出られなかった。

③
父は、英語がとく意だ。
、中国語も話せる。

だから　そのため　けれど　しかも

つなぎ言葉を使った文作り ①-(2)

名前

● 次の文に合うつなぎ言葉を［　］から選び、文を完成させましょう。

(1)

① 動物園に行こうか。

、遊園地に行こうか。

② 父は朝食を食べられなかった。

、ねぼうをしたからだ。

［なぜなら　それとも］

(2)

① じゅんびはいいですか。

、始めましょう。

② 雨がふり始めた。

、風も強くなってきた。

［では　そのうえ］

つなぎ言葉を使った文作り ②

名前

● 〈例〉のように、□のつなぎ言葉を使って、次の文を二文に分けて書き直しましょう。

〈例〉

だから

強風がふいていたので、大会は中止になった。

強風がふいていた。
だから、大会は中止になった。

① すると

この道をしばらく行くと、工場がある。

② しかし

走って行ったが、電車に乗りおくれた。

つなぎ言葉を使った文作り ③

名前

● 〈例〉のように、つなぎ言葉につづく文を［ ］から選んで、文を完成させましょう。

〈例〉

部屋が暑い。ところが、

クーラーがつかない。

［クーラーをつけた。　クーラーがつかない。］

①

朝ねぼうをした。そのため、

集合時間に

［間に合った。　間に合わなかった。］

②

買い物に出かけた。しかし、

［ほしかった物を買った。　何も買わなかった。］

敬語を使った文作り ていねい語「〜です」を使う言い方 ①-(1)

名前

● 〔例〕のように、――線の言葉を「〜です」の形のていねい語に変えて、文を書きましょう。

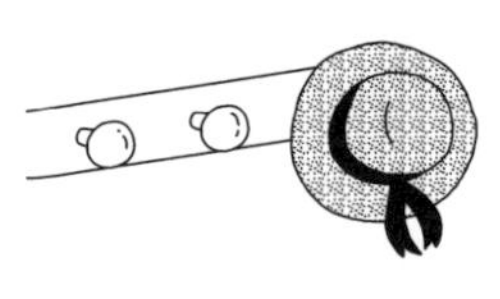

〔例〕 あれは、姉のぼうしだ。

あれは、姉のぼうしです。

① わたしの好きな食べ物は、おすしだ。

わたしの好きな食べ物は、

② これは、お正月にかざる門松だ。

③ ゾウの体重は、重い。

敬語を使った文作り
ていねい語「〜ます」を使う言い方 ①-(2)

名前

● 〈例〉のように、——線の言葉を「〜ます」の形のていねい語に変えて、文を書きましょう。

〈例〉 わたしは、毎日犬の散歩をする。

わたしは、毎日犬の散歩をします。

① 妹が、友だちとプールへ行く。

妹が、友だちとプールへ

② わたしは、昼ごはんにパスタを食べる。

③ 来月、運動会がある。

敬語を使った文作り

ていねい語「お」や「ご」を付ける言い方 (1-3)

名前

●〈例〉のように、——線の言葉を「お」や「ご」を付けたていねい語に変えて、文を書きましょう。

〈例〉シンデレラが城に招かれる。

シンデレラがお城に招かれる。

① すてきな料理ですね。

すてきな

ですね。

② 花を買ってきました。

③ あちらは、林さんの両親です。

敬語を使った文作り ②-(1)

尊敬語　特別な言葉を使う言い方

名前

● 〈例〉のように、——線の言葉を□から選んだ特別な言葉を使う言い方の尊敬語に変えて、文を書きましょう。

〈例〉 先生方が、わたしの絵を見る。

先生方が、わたしの絵を
ごらんになる。

① 会長が、昼食を食べる。

会長が、昼食を

② 先生が、こちらに来る。

③ 森様は、なんと言っていますか。

ごらんになる。　おっしゃって　いらっしゃる。　めし上がる。

敬語を使った文作り ②-(2)

尊敬語「お(ご)~になる」という言い方

名前

● 〈例〉のように、——線の言葉を「お(ご)~になる」という言い方の尊敬語に変えて、文を書きましょう。

〈例〉 町内会長が、帰る。

町内会長が、お帰りになる。

① 田中先生が、本を読む。

田中先生が、本を

② 教頭先生が、話す。

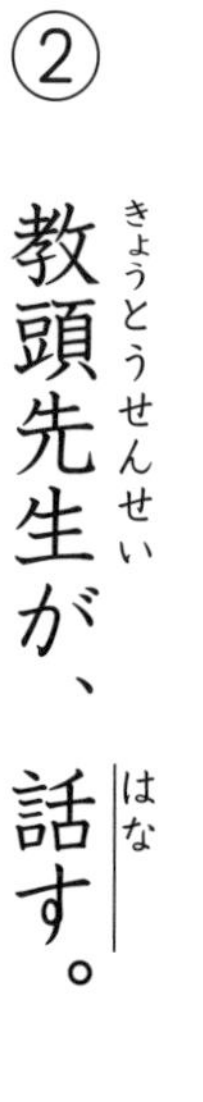

③ これは、林様が書いた本です。

これは、林様がお書きになった本です。

敬語を使った文作り ②-(3)

尊敬語「〜れる（られる）」という言い方

名前

● 〈例〉のように、——線の言葉を「〜れる（られる）」という言い方の尊敬語に変えて、文を書きましょう。

〈例〉 町内会長が、帰る。

町内会長が、帰られる。

① 校長先生が、朝礼で話す。

校長先生が、朝礼で

② お客様が、お茶を飲む。

③ 先生は、今、体育館にいる。

敬語を使った文作り ②-(4)
尊敬語「お」や「ご」を付ける言い方

名前

● 〈例〉のように、——線の言葉を「お」や「ご」を付けた尊敬語に変えて、文を書きましょう。

〈例〉 卒業おめでとうございます。

ご卒業おめでとうございます。

① お客様からの電話です。

お客様からの　　　です。

② 次は、市長の話です。

③ おじさんの食事を準備する。

敬語を使った文作り ③-(1)

けんじょう語　特別な言葉を使う言い方

名前

● 〈例〉のように、——線の言葉を［　］から選んだ特別な言葉を使う言い方のけんじょう語に変えて、文を書きましょう。

〈例〉 おばさんからプレゼントをもらう。

おばさんからプレゼントをいただく。

① 先生の発表会に行く。

先生の発表会に

② 先生の家で、昼食を食べた。

③ お礼の品をあげる。

［いただく。　うかがう。　差し上げる。　いただいた。］

敬語を使った文作り ③-(2)

けんじょう語「お(ご)〜する」という言い方

名前

● 〈例〉のように、——線の言葉を「お(ご)〜する」という言い方のけんじょう語に変えて、文を書きましょう。

〈例〉 先生に本を返す。

先生に本をお返しする。

① お客様にあいさつする。

お客様に

② 友だちのお兄さんを見送る。

③ コーチと公園で会った。

和語・漢語・外来語を使った文作り①

名前

● 次の言葉は、それぞれ和語・漢語・外来語のどれにあてはまりますか。あてはまるものを下から選び、――線で結びましょう。

①
注文 ・　　・ 和語
オーダー ・　　・ 漢語
たのむ ・　　・ 外来語

②
スピード ・　　・ 和語
速さ ・　　・ 漢語
速度 ・　　・ 外来語

和語・漢語・外来語を使った文作り ②-(1)

名前

● ——線の言葉は、それぞれ和語・漢語・外来語です。これらの言葉を使って、文を作りましょう。

① 少年・足・速さ・クラス・一番 （和語：速さ）

少年の足の速さは、クラスで一番だ。

② 高速道路・車・速度・上げる （漢語：速度）

③ ぼくたち・投球・スピード・競う （外来語：スピード）

和語・漢語・外来語を使った文作り ②-(2)

名前

● ――線の言葉は、それぞれ和語・漢語・外来語です。これらの言葉を使って、文を作りましょう。

① 夕方・電車・いつも・混み合う（和語）

② わたし・混雑（漢語）・時間帯・電車・乗る

③ 帰省ラッシュ（外来語）・友だち・新幹線・すわれなかった

和語・漢語・外来語を使った文作り ②-(3)

名前

● ――線の言葉は、それぞれ和語・漢語・外来語です。これらの言葉を使って、文を作りましょう。

① 海外・その国・決まり・したがう
（和語：決まり）

② 小学校・規則・守ろう
（漢語：規則）

③ ルール・とらわれない・アイデア・思いつく
（外来語：ルール）

同じ読み方の漢字を使った文作り ①-(1)

名前

● 次の文に合う言葉を□から選んで、文を完成させましょう。

(1)

① 赤ちゃんが

② スズメが

鳴く。　泣く。

(2)

① セーターを

② テープを

切る。　着る。

(3)

① 母は、朝起きるのが

② 兄は、泳ぐのが

早い。　速い。

同じ読み方の漢字を使った文作り ①-(2)

名前

● 次の文に合う言葉を［　］から選んで、文を完成させましょう。

(1)

① 太陽の光が

② メニューを指で

指す。　差す。

(2)

① 最後の　　　が始まる。

② 　　　で犬の散歩をする。

公演　公園

(3)

① スープが

② 物音で目が

覚める。　冷める。

同じ読み方の漢字を使った文作り ②－(1)

名前

● 〈例〉のように、――線の言葉にあてはまる漢字を□から選び、（　）に書きましょう。また、次の言葉を使って文を作りましょう。

〈例〉

① 日本・夏・あつい（暑い）

日本の夏は、暑い。

② 父・あつい・本・読んでいる（厚い）

父は、厚い本を読んでいる。

厚い　暑い

① 公園・となり・ビル・たった（　　）

② 少年・いすから・たった（　　）

立った　建った

同じ読み方の漢字を使った文作り ②-(2)

名前

● ——線の言葉にあてはまる漢字を□から選び、（　）に書きましょう。また、次の言葉を使って文を作りましょう。

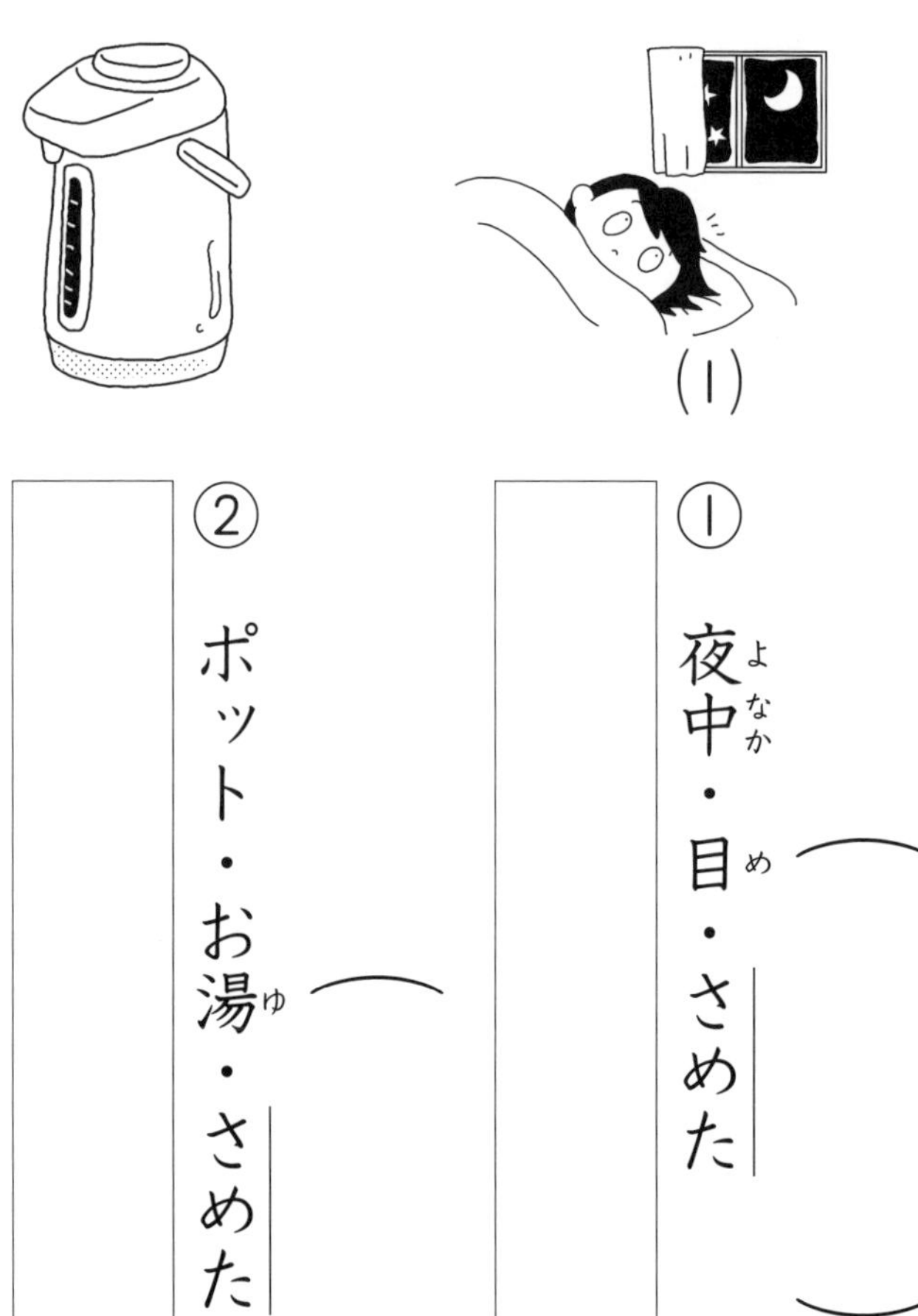

(1)

① 夜中・目・さめた（　　）

② ポット・お湯・さめた（　　）

覚めた　冷めた

(2)

① この薬・頭痛・きく（　　）

② 友だち・発表・きく（　　）

聞く　効く

同じ読み方の漢字を使った文作り ②-(3)

名前

● ――線の言葉にあてはまる漢字を□から選び、（　）に書きましょう。
また、次の言葉を使って文を作りましょう。

(1)

① 父・さいしん・テレビ・買った（　　）

② さいしん・注意・はらって・作業（　　）

細心　最新

(2)

① 日本・文化・かんしん・もつ（　　）

② 児童会・取り組み・かんしんする（　　）

関心　感心

熟語を使った文作り ①

名前

● 〈例〉のように、――線の言葉にあてはまる熟語を□から選び、（　）に書きましょう。また、次の言葉を使って文を作りましょう。

〈例〉 わたし・冷たい水・顔・あらう
（冷水）
わたしは、冷水で顔をあらう。

① 先生・グラウンド・白い線・引く
（　　）

② 弟・毎日・朝の食事・食べる
（　　）

③ 父・庭・大きな木・植えた
（　　）

冷水　白線　大木　朝食

熟語を使った文作り ②

名前

● ──線の言葉にあてはまる熟語を□から選び、（　）に書きましょう。また、次の言葉を使って文を作りましょう。

(1)

① 児童・左と右・分かれて・ならぶ

② この遊園地・料金がかからない

無料　左右

(2)

① 一月から・新しい年・始まる

② 学校の門・夜九時・しまる

新年　校門

90頁

文の組み立てに注意した文作り（主語と述語の関係）①-(1)　名前

● 〔例〕のように、次の文の主語、述語を変えて文を作りましょう。

〔例〕わたしは、祖父が書いた小説を読んだ。
主語：ぼくは　述語：買った

ぼくは、祖父が書いた小説を買った。

① これは、友だちが作ったクッキーだ。
主語：あれは　述語：ケーキだ

あれは、友だちが作ったケーキだ。

② 弟は、父が使っていたギターをもらった。
主語：兄は　述語：借りた

兄は、父が使っていたギターを借りた。

90

91頁

文の組み立てに注意した文作り（主語と述語の関係）①-(2)　名前

● 〔例〕のように、次の文の主語、述語を変えて文を作りましょう。

〔例〕祖父が飼っている犬は、かわいい。
主語：ねこは　述語：白い

祖父が飼っているねこは、白い。

① ぼくが育てたちょうが、飛んだ。
主語：クワガタが　述語：にげた

ぼくが育てたクワガタが、にげた。

② 姉が植えたかぼちゃが、実った。
主語：トマトが　述語：赤くなった

姉が植えたトマトが、赤くなった。

91

92頁

文の組み立てに注意した文作り（主語と述語の関係）①-(3)　名前

● 〔例〕のように、次の文の主語、述語を変えて文を作りましょう。

〔例〕良い天気だったので、わたしは、校庭で走った。
主語：五年一組の児童は　述語：遊んだ

良い天気だったので、五年一組の児童は、校庭で遊んだ。

① 雨がふったら、マラソン大会は、中止だ。
主語：運動会は　述語：えん期だ

雨がふったら、運動会は、えん期だ。

② 空ににじが現れたから、母は、感動した。
主語：妹は　述語：おどろいた

空ににじが現れたから、妹は、おどろいた。

92

93頁

文の組み立てに注意した文作り（主語と述語の関係）②-(1)　名前

● 〔例〕のように、次の文をそれぞれ主語と述語のある二文に分けて、書き直しましょう。

〔例〕これは、弟が拾ったどんぐりだ。

弟がどんぐりを拾った。
これは、そのどんぐりだ。

① これは、ショパンがかいた曲だ。

ショパンが曲をかいた。
これは、その曲だ。

② 弟は、母が作った料理を食べた。

母が料理を作った。
弟は、その料理を食べた。

93

解答例

本書の解答は，あくまでもひとつの例です。児童に取り組ませる前に，必ず指導される方が問題を解いてください。指導される方の作られた解答をもとに，児童の多様な考えに寄り添って○つけをお願いします。

94頁

文の組み立てに注意した文作り（主語と述語の関係）②-(2)　名前

● 〈例〉のように，次の文をそれぞれ主語と述語のある二文に分けて，書き直しましょう。

〈例〉兄が借りたマンガを弟が読んでいる。

兄がマンガを借りた。
そのマンガを弟が読んでいる。

① 父が作ったピザを母が食べている。

父がピザを作った。
そのピザを母が食べている。

② 母が買った牛にゅうを弟が飲んだ。

母が牛にゅうを買った。
その牛にゅうを弟が飲んだ。

95頁

文の組み立てに注意した文作り（主語と述語の関係）③　名前

● 〈例〉のように，主語と述語に気をつけて，次の二文を一文に書き直しましょう。

〈例〉姉が歌を作った。その歌は，きれいだった。

姉が作った歌は，きれいだった。

① 兄がマンガをかいた。そのマンガは，おもしろい。

兄がかいたマンガは，おもしろい。

② 母がパソコンを買った。弟は，そのパソコンを使う。

弟は，母が買ったパソコンを使う。

96頁

つなぎ言葉を使った文作り ①-(1)　名前

● 〈例〉のように，次の文に合うつなぎ言葉を□から選び，文を完成させましょう。

〈例〉ぼくは，サッカーが好きだ。だから，サッカー選手になりたい。

① 一生けん命にがんばった。けれど，試合に負けた。

② 昨日，台風が来た。そのため，外に出られなかった。

③ 父は，英語がとく意だ。しかも，中国語も話せる。

だから　そのため　けれど　しかも

97頁

つなぎ言葉を使った文作り ①-(2)　名前

● 次の文に合うつなぎ言葉を□から選び，文を完成させましょう。

(1)
① 動物園に行こうか。それとも，遊園地に行こうか。

② 父は朝食を食べられなかった。なぜなら，ねぼうをしたからだ。

なぜなら　それとも

(2)
① じゅんびはいいですか。では，始めましょう。

② 雨がふり始めた。そのうえ，風も強くなってきた。

では　そのうえ

98頁

つなぎ言葉を使った文作り ② 名前

● 〔例〕のように、□のつなぎ言葉を使って、次の文を二文に分けて書き直しましょう。

〔例〕 だから

強風がふいていたので、大会は中止になった。

強風がふいていた。
だから、大会は中止になった。

① すると

この道をしばらく行くと、工場がある。

この道をしばらく行く。
すると、工場がある。

② しかし

走って行ったが、電車に乗りおくれた。

走って行った。
しかし、電車に乗りおくれた。

98

99頁

つなぎ言葉を使った文作り ③ 名前

● 〔例〕のように、つなぎ言葉につづく文を□から選んで、文を完成させましょう。

〔例〕

部屋が暑い。ところが、
クーラーがつかない。

クーラーをつけた。　クーラーがつかない。

①

朝ねぼうをした。そのため、
集合時間に間に合わなかった。

間に合った。　間に合わなかった。

②

買い物に出かけた。しかし、
何も買わなかった。

ほしかった物を買った。　何も買わなかった。

99

100頁

敬語を使った文作り ていねい語「〜です」を使う言い方 ①-(1) 名前

● 〔例〕のように、——線の言葉を「〜です」の形のていねい語に変えて、文を書きましょう。

〔例〕 あれは、姉のぼうしだ。

あれは、姉のぼうしです。

① わたしの好きな食べ物は、おすしだ。

わたしの好きな食べ物は、
おすしです。

② これは、お正月にかざる門松だ。

これは、お正月にかざる
門松です。

③ ゾウの体重は、重い。

ゾウの体重は、重いです。

100

101頁

敬語を使った文作り ていねい語「〜ます」を使う言い方 ①-(2) 名前

● 〔例〕のように、——線の言葉を「〜ます」の形のていねい語に変えて、文を書きましょう。

〔例〕 わたしは、毎日犬の散歩をする。

わたしは、毎日犬の散歩をします。

① 妹が、友だちとプールへ行く。

妹が、友だちとプールへ行きます。

② わたしは、昼ごはんにパスタを食べる。

わたしは、昼ごはんに
パスタを食べます。

③ 来月、運動会がある。

来月、運動会があります。

101

解答例

本書の解答は，あくまでもひとつの例です。児童に取り組ませる前に，必ず指導される方が問題を解いてください。指導される方の作られた解答をもとに，児童の多様な考えに寄り添って○つけをお願いします。

102頁

敬語を使った文作り
ていねい語「お」や「ご」を付ける言い方 ①-(3)
名前

● 〔例〕のように、——線の言葉を「お」や「ご」を付けたていねい語に変えて、文を書きましょう。

〔例〕シンデレラが城に招かれる。

シンデレラがお城に招かれる。

① すてきな料理ですね。

すてきなお料理ですね。

② 花を買ってきました。

お花を買ってきました。

③ あちらは、林さんの両親です。

あちらは、林さんのご両親です。

102

103頁

敬語を使った文作り
尊敬語 特別な言葉を使う言い方 ②-(1)
名前

● 〔例〕のように、——線の言葉を□から選んだ特別な言葉を使う言い方の尊敬語に変えて、文を書きましょう。

〔例〕先生方が、わたしの絵を見る。

先生方が、わたしの絵をごらんになる。

① 会長が、昼食を食べる。

会長が、昼食をめし上がる。

② 先生が、こちらに来る。

先生が、こちらにいらっしゃる。

③ 森様は、なんと言っていますか。

森様は、なんとおっしゃっていますか。

ごらんになる。　おっしゃって　いらっしゃる。　めし上がる。

103

104頁

敬語を使った文作り
尊敬語「お(ご)〜になる」という言い方 ②-(2)
名前

● 〔例〕のように、——線の言葉を「お（ご）〜になる」という言い方の尊敬語に変えて、文を書きましょう。

〔例〕町内会長が、帰る。

町内会長が、お帰りになる。

① 田中先生が、本を読む。

田中先生が、本をお読みになる。

② 教頭先生が、話す。

教頭先生が、お話しになる。

③ これは、林様が書いた本です。

これは、林様がお書きになった本です。

104

105頁

敬語を使った文作り
尊敬語「〜れる(られる)」という言い方 ②-(3)
名前

● 〔例〕のように、——線の言葉を「〜れる（られる）」という言い方の尊敬語に変えて、文を書きましょう。

〔例〕町内会長が、帰る。

町内会長が、帰られる。

① 校長先生が、朝礼で話す。

校長先生が、朝礼で話される。

② お客様が、お茶を飲む。

お客様が、お茶を飲まれる。

③ 先生は、今、体育館にいる。

先生は、今、体育館におられる。

105

106頁

敬語を使った文作り　尊敬語「お」や「ご」を付ける言い方　②-(4)　名前

● 〈例〉のように，――線の言葉を「お」や「ご」を付けた尊敬語に変えて，文を書きましょう。

〈例〉卒業おめでとうございます。

ご卒業おめでとうございます。

① お客様からの電話です。

お客様からのお電話です。

② 次は、市長の話です。

次は、市長のお話です。

③ おじさんの食事を準備する。

おじさんのお食事を準備する。

107頁

敬語を使った文作り　けんじょう語　特別な言葉を使う言い方　③-(1)　名前

● 〈例〉のように，――線の言葉を□から選んだ特別な言葉を使う言い方のけんじょう語に変えて，文を書きましょう。

〈例〉おばさんからプレゼントをもらう。

おばさんからプレゼントをいただく。

① 先生の発表会に行く。

先生の発表会にうかがう。

② 先生の家で、昼食を食べた。

先生の家で、昼食をいただいた。

③ お礼の品をあげる。

お礼の品を差し上げる。

いただく。　うかがう。　差し上げる。　いただいた。

108頁

敬語を使った文作り　けんじょう語「お(ご)～する」という言い方　③-(2)　名前

● 〈例〉のように，――線の言葉を「お（ご）～する」という言い方のけんじょう語に変えて，文を書きましょう。

〈例〉先生に本を返す。

先生に本をお返しする。

① お客様にあいさつする。

お客様にごあいさつする。

② 友だちのお兄さんを見送る。

友だちのお兄さんをお見送りする。

③ コーチと公園で会った。

コーチと公園でお会いした。

109頁

和語・漢語・外来語を使った文作り ①　名前

● 次の言葉は，それぞれ和語・漢語・外来語のどれにあてはまりますか。あてはまるものを下から選び，――線で結びましょう。

①
- 注文 ―― 漢語
- オーダー ―― 外来語
- たのむ ―― 和語

②
- スピード ―― 外来語
- 速さ ―― 和語
- 速度 ―― 漢語

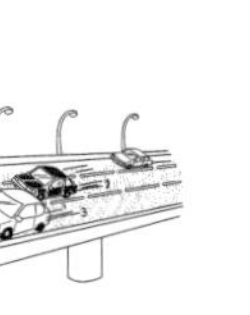

解答例

本書の解答は，あくまでもひとつの例です。児童に取り組ませる前に，必ず指導される方が問題を解いてください。指導される方の作られた解答をもとに，児童の多様な考えに寄り添って○つけをお願いします。

110頁

和語・漢語・外来語を使った文作り ②-(1)　名前

● ――線の言葉は、それぞれ和語・漢語・外来語です。これらの言葉を使って、文を作りましょう。

① 少年・足・速さ・クラス・一番　和語

（例）少年の足の速さは、クラスで一番だ。

② 高速道路・車・速度・上げる　漢語

（例）高速道路では、車の速度を上げる。

③ ぼくたち・投球・スピード・競う　外来語

（例）ぼくたちは、投球のスピードを競う。

110

111頁

和語・漢語・外来語を使った文作り ②-(2)　名前

● ――線の言葉は、それぞれ和語・漢語・外来語です。これらの言葉を使って、文を作りましょう。

① 夕方・電車・いつも・混み合う　和語

（例）夕方の電車は、いつも混み合う。

② わたし・混雑・時間帯・電車・乗る　漢語

（例）わたしは、混雑する時間帯に電車に乗る。

③ 帰省ラッシュ・友だち・新幹線・すわれなかった　外来語

（例）帰省ラッシュで、友だちは、新幹線ですわれなかった。

111

112頁

和語・漢語・外来語を使った文作り ②-(3)　名前

● ――線の言葉は、それぞれ和語・漢語・外来語です。これらの言葉を使って、文を作りましょう。

① 海外・その国・決まり・したがう　和語

（例）海外では、その国の決まりにしたがう。

② 小学校・規則・守ろう　漢語

（例）小学校の規則は、守ろう。

③ ルール・とらわれない・アイデア・思いつく　外来語

（例）ルールにとらわれないアイデアを思いつく。

112

113頁

同じ読み方の漢字を使った文作り ①-(1)　名前

● 次の文に合う言葉を□から選んで、文を完成させましょう。

(1)
① 赤ちゃんが泣く。
② スズメが鳴く。

鳴く。　泣く。

(2)
① セーターを着る。
② テープを切る。

切る。　着る。

(3)
① 母は、朝起きるのが早い。
② 兄は、泳ぐのが速い。

早い。　速い。

113

114頁

同じ読み方の漢字を使った文作り ①-(2) 名前

● 次の文に合う言葉を□から選んで、文を完成させましょう。

(1)
① 太陽の光が差す。
② メニューを指で指す。
指す。 差す。

(2)
① 最後の公演が始まる。
② 公園で犬の散歩をする。
公演 公園

(3)
① スープが冷める。
② 物音で目が覚める。
覚める。 冷める。

115頁

同じ読み方の漢字を使った文作り ②-(1) 名前

● 例のように、――線の言葉にあてはまる漢字を□から選び、（　）に書きましょう。また、次の言葉を使って文を作りましょう。

例
① 日本・夏・あつい
（暑い）
日本の夏は、暑い。
② 父・あつい・本・読んでいる
（厚い）
父は、厚い本を読んでいる。
厚い 暑い

① 公園・となり・ビル・たった
（建った）
公園のとなりに、ビルが建った。
② 少年・いすから・たった
（立った）
少年が、いすから立った。
立った 建った

116頁

同じ読み方の漢字を使った文作り ②-(2) 名前

● ――線の言葉にあてはまる漢字を□から選び、（　）に書きましょう。また、次の言葉を使って文を作りましょう。

(1)
① 夜中・目・さめた
（覚めた）
夜中に目が覚めた。
② ポット・お湯・さめた
（冷めた）
ポットのお湯が冷めた。
覚めた 冷めた

(2)
① この薬・頭痛・きく
（効く）
この薬は、頭痛に効く。
② 友だち・発表・きく
（聞く）
友だちの発表を聞く。
聞く 効く

117頁

同じ読み方の漢字を使った文作り ②-(3) 名前

● ――線の言葉にあてはまる漢字を□から選び、（　）に書きましょう。また、次の言葉を使って文を作りましょう。

(1)
① 父・さいしん・テレビ・買った
（最新）
父は、最新のテレビを買った。
② さいしん・注意・はらって・作業
（細心）
細心の注意をはらって、作業する。
細心 最新

(2)
① 日本・文化・かんしん・もつ
（関心）
日本の文化に関心をもつ。
② 児童会・取り組み・かんしんする
（感心）
児童会の取り組みに感心する。
関心 感心

解答例

本書の解答は，あくまでもひとつの例です。児童に取り組ませる前に，必ず指導される方が問題を解いてください。指導される方の作られた解答をもとに，児童の多様な考えに寄り添って○つけをお願いします。

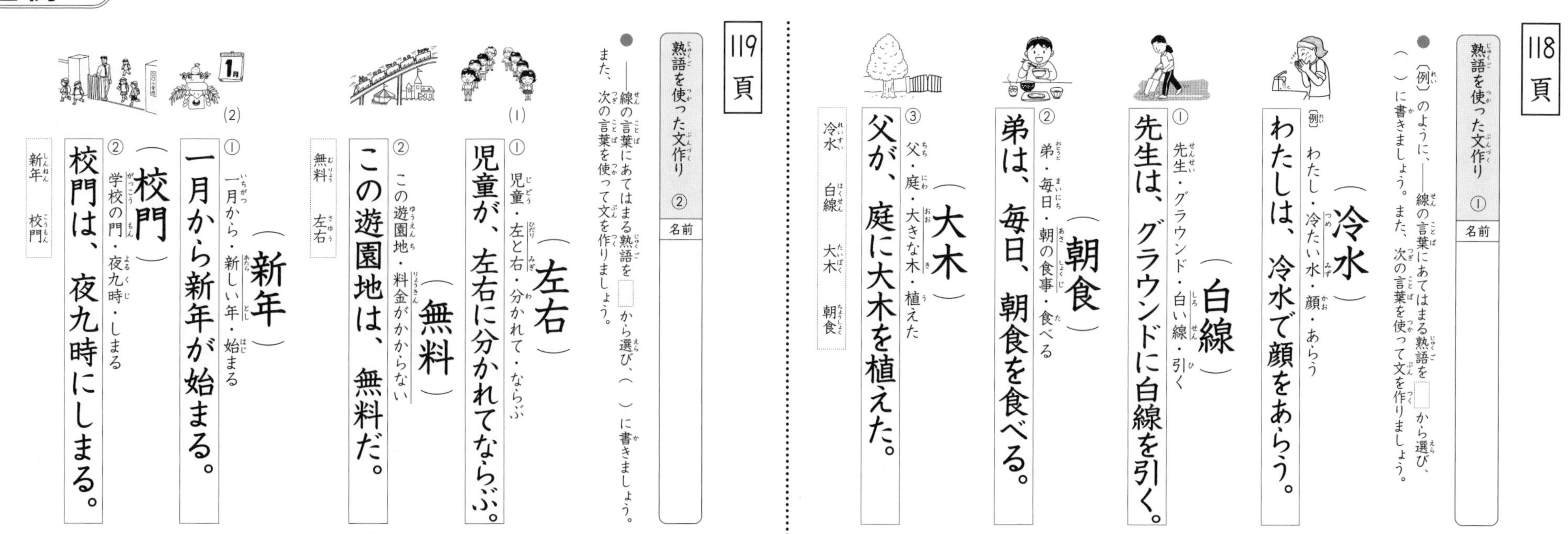

喜楽研の支援教育シリーズ
もっと　ゆっくり　ていねいに学べる　個別指導に最適
作文ワーク 基礎編 5-① 「読む・写す・書く」 光村図書・東京書籍・教育出版の教科書教材より抜粋

2023年4月2日

イ ラ ス ト：山口　亜耶・日向　博子・白川　えみ　他
表紙イラスト：鹿川　美佳
表紙デザイン：エガオデザイン
企 画 ・ 編 著：原田　善造・あおい　えむ・堀越　じゅん・今井　はじめ・さくら　りこ
中　あみ・中　えみ・中田　こういち・なむら　じゅん・はせ　みう
ほしの　ひかり・みやま　りょう（他４名）
編 集 担 当：岡口　洋輔・田上　優衣

発　行　者：岸本　なおこ
発　行　所：喜楽研（わかる喜び学ぶ楽しさを創造する教育研究所：略称）
〒604-0827　京都府京都市中京区高倉通二条下ル瓦町 543-1
TEL 075-213-7701　FAX 075-213-7706　HP https://www.kirakuken.co.jp
印　　　刷：株式会社米谷

ISBN：978-4-86277-441-5

Printed in Japan